Zonghe Yunshu Fuwu Shuiping 综合运输服务水平 Pingjia Fangfa Yanjiu 评价方法研究

梁仁鸿 著

人民交通出版社股份有限公司

北 京

内 容 提 要

本书对国内外常见的指数进行了整理，归纳和总结指数编制的有关经验启示，在此基础上对交通运输的基本属性、发展内涵、系统构成进行了分析，结合评价指标的选取原则、选取方法初步构建了评价指标体系并运用可测性检验、可比性检验、独立性检验对初步构建的评价指标体系进行了优化检验。同时，结合倒数化法、均值化法对基础数据进行了标准化处理；利用层次分析法计算了各评价指标的权重；采用加权算术平均模型编制了交通运输发展指数并对指数的结果进行了分析。

图书在版编目(CIP)数据

综合运输服务水平评价方法研究/梁仁鸿著. —北京：人民交通出版社股份有限公司，2020.12

ISBN 978-7-114-16997-7

Ⅰ.①综… Ⅱ.①梁… Ⅲ.①综合运输—交通运输—服务水平—评价—研究 Ⅳ.①F50

中国版本图书馆 CIP 数据核字(2020)第 263630 号

书　　名：综合运输服务水平评价方法研究
著 作 者：梁仁鸿
责任编辑：范　坤
责任校对：孙国靖　宋佳时
责任印制：张　凯
出版发行：人民交通出版社股份有限公司
地　　址：(100011)北京市朝阳区安定门外外馆斜街 3 号
网　　址：http://www.ccpcl.com.cn
销售电话：(010)59757973
总 经 销：人民交通出版社股份有限公司发行部
经　　销：各地新华书店
印　　刷：北京虎彩文化传播有限公司
开　　本：787 × 1092　1/16
印　　张：7
字　　数：99 千
版　　次：2020 年 12 月　第 1 版
印　　次：2020 年 12 月　第 1 版印刷
书　　号：ISBN 978-7-114-16997-7
定　　价：30.00 元
(有印刷、装订质量问题的图书由本公司负责调换)

前 言

交通运输是国民经济重要的基础性、先导性、服务性行业，是经济社会发展的先行官，在稳增长、促投资、促消费中发挥着重要的作用，通过运输服务，不仅把社会生产、消费、分配与交换各环节有机联系起来，保障和支撑社会经济的正常运转与发展，我国经济的快速发展和社会的日新月异均受益于交通运输的变革，而且随着交通运输产业规模扩大、质量提高、效率提升，其对经济社会发展的引领作用越加凸显。加快构建安全、便捷、高效、绿色、经济的现代综合交通运输体系，对于深入实施国家发展战略，优化国土空间布局，有效拓展经济发展新空间，更好地服务“两个一百年”奋斗目标，具有重要意义。

改革开放的40年来，我国交通运输事业快速、超常发展，取得了举世瞩目的重大成就。在中国经济进入新常态后，经济转型、产业转移、区域联动、社会福祉、气候变化等外部环境变迁，以及三大战略、四大板块、四个全面等战略格局，对交通运输行业的发展提出了新的要求；与此同时，交通运输行业积极主动顺应供给侧结构性改革要求，在大部制改革实施过程中，交通运输需求向个性化、定制化、多元化转变，互联网+交通服务产品不断涌现，高速铁路成网快速发展，智能车路协同系统技术创新等方面正发生巨大变革。因此，需要我们与时俱进，立足于现状，科学审视我国交通运输发展水平，辨识交通运输发展的地区差异，更好地发挥交通运输对经济社会发展的支撑引领作用。

在交通运输领域，国内外研究机构、专家学者对于统计指数的构建做了许多有益的尝试，但总体来看，目前的交通运输行业统计指标体系中缺乏一个能表征交通运输行业运行状况，反映交通运输业发展趋势的“综合指标”，已有的交通类指数大多从交通领域的某几个方面或从某些运输方式出发去构建指数用于反映交通运输行业的发展态势及变化趋势，而未涉及交通运输行业的其他方面。从国家宏观决策层面看，现有对交通运输运行状况的分析在大多数情况下仍旧是基于某一个或几个指标的同比、环比的增减变化来体现交通运输业的发展水平及变化趋势，缺乏能够全面衡量其发展总体水平的指数，从国家层面进行纵向比较缺少相应的理论支撑。从区域协调发展层面看，由于我国空间范围辽阔，东、中、西发展不平衡，交通运输行业主管部门在做综合交通发展水平评价及阶段划分横向对比时，缺少全国通用且权威有效的评价标准，进而对不同区域精准施策提供了难题。从交通自身发展层面看，由于缺乏交通运输发展水平评价的指数，区域政府及交通运输主管部门不能准确地发现当地交通运输存在的薄弱环节和突出问题，工作推进过程中存在一定的盲目性，不仅浪费资源，而且达不到预期的效果。

为解决上述问题，本书作者进行了长期的跟踪研究，在相关领域开展了大量科研项目研究，结合取得的科研成果，整理形成此书。本书在对交通运输发展的内涵及评价指标构建的需求进行分析的基础上，对评价指标进行了初选；运用变异系数、相关系数等方法对评价指标体系进行了可测性检验、可比性检验、独立性检验及“深度”与“出度”检验，对评价指标体系进行了优化；采用肯德尔和谐系数、序号总和理论及等级相关系数等方法分析和优选出用于数据预处理的一致化及无量纲化方法；详细阐述了常用赋权方法的概念、计算过程及优缺点，选取了适用于构建交通运输发展指数的赋权方法；在对指数编制的一般流程、常用方法进行梳理和分析的基础上，选取了适用于编制交通运输发展指数的方法并构建了交通运输发展指数及各属性层指数；结合指数编制结果对交通运输总体情况及各属性层发展水平进行了分析，利用相关分析及回归分析法构建了回归模型，分析了交通运输发展指数与国内生产总值之间的关系，为科学评判我国交通运输整体发展水平和发展阶段提供了量化支撑。

由于水平有限，未尽之意颇多，如遇纰漏之处，诚望各位领导、各界专家和广大读者不吝赐教。

编著者

2020 年 11 月于北京

目　录

第一章 综合运输发展的实践成就回顾

第一节 服务国家战略效果更加突出

一、"一带一路"交通基础设施互联互通水平显著提升

沿线陆上联通取得突破性进展。时速200公里的中越中老国际铁路公用段—昆明至玉溪段全线开通运营;中巴经济走廊"两大"公路苏库尔至木尔坦段和克喇昆仑公路升级改造二期开工建设;中俄两座跨境桥梁开工建设;中泰铁路合作项目达成新的共识;中、吉、乌铁路三方联合工作组召开了数次会议,就铁路项目的技术标准、项目融资等问题进行了磋商;10个陆路边境口岸实现高速公路连接,43个口岸通二级公路。这些项目的实施及所取得的重要进展,将有助于加强"一带一路"沿线国家贸易和人员交流,带动就业,促进地区经济发展。

海上支点港口建设运营成效显著。瓜达尔港、科伦坡港口城等项目有序推进,吉布提多哈雷新港完成建设并开港运营。我国获得斯里兰卡汉班托塔港特许经营权,控股投资希腊比雷埃夫斯港取得良好业绩。中欧陆海快线运量快速增长,海运服务覆盖沿线所有国家。空中大通道日益畅通,与沿线43个国家实现空中直航。国际运输便利化水平大幅提升。成功主办"一带一路"国际合作高峰论坛"加快设施联通"平行主题会议,主导成立中欧班列国际铁路合作机制和国内运输协调委员会,推动中欧班列出境换轨三列并两列,中欧班列累计开行近7000列,成为"一带一路"建设标志性成果。

交通基础设施"走出去"步伐不断加快。高速公路、城市轨道交通及港口建

设走向世界。高铁成为"走出去"的新亮点,成为我国对外交流合作新名片和共建"一带一路"的重要领域。中美《适航实施程序》正式签署,实现了中美航空产品全面对等互认;我国继续高票当选国际民航组织一类理事国,我国航空大国地位进一步凸显。连任国际海事组织 A 类理事国、万国邮联经营理事国,国际影响力、话语权进一步提升。

专栏一:亚吉铁路

亚吉铁路是非洲第一条全线采用中国电气化铁路标准施工的现代电气化铁路,由中国中铁和中国铁道建筑总公司旗下子公司中国土木工程总公司(简称中土集团)建设,全长 752.7 公里,设计速度 120 公里/小时,总投资约 40 亿美元,是中国企业在海外建设的第一条全产业链"走出去"铁路。该铁路的通车运营,将货物从吉布提港到埃塞俄比亚首都亚的斯亚贝巴客货运输时间从 1 周缩短至 7 小时,物流成本大大降低,运输安全性显著提高。

专栏二:中欧班列

中欧班列是指按照固定车次、线路、班期和全程运行时刻开行,往来于中国与欧洲以及"一带一路"沿线国家的集装箱国际铁路联运班列。截至 2017 年 8 月底,中欧班列累计开行近 7000 列,其中 2017 年开行突破 2000 列,国内开行城市已达 33 个,运行线路 52 条,通往欧洲 12 个国家 33 个城市。货物品类已由开行初期的手机、计算机等 IT 产品逐步扩大到衣服鞋帽、汽车及配件、粮食、葡萄酒、咖啡豆、木材等。中欧班列的开行,有利于促进内陆地区开放型经济发展,有利于深化我国与沿线国家的务实合作,有利于提升我国物流运输体系效率。

二、交通运输在京津冀一体化中实现先行发展

京津冀交通一体化在规划、投融资、建设、运营等领域和环节取得了一系列重要进展。在规划、标准和实施方案等顶层设计层面,《京津冀地区城际铁路网

规划》得到批复,进一步明确了十三五时期城际铁路网规划近期建设项目表;国家民航局通过了《推进京津冀民航协同发展实施意见》,为京津冀机场群功能分工提供了政策支撑;此外,京津冀三地共同编制完成了《京津冀地区高速公路命名和编号规则》等区域协同地方标准,津冀两地联合编制的《津冀港口群集疏运体系改善方案》开始实施。

在投融资及重大项目建设方面,河北省设立了PPP(社会资本与政府合作模式)京津冀协同发展基金,太行山高速、延崇高速、津石高速等PPP项目取得良好开局;河北与天津签署津冀港口合作备忘录,渤海津冀港口投资发展有限公司收购天津港南疆码头、黄骅港集装箱码头取得实质性进展。京台高速公路北京段正式通车,首都地区环线高速公路河北段全线贯通,京秦高速公路天津段建成通车;北京新机场河北境内征拆工作全面完成,北戴河机场正式投入运营。

在运营服务及管理方面,河北省实现了公交"一卡通",省内643条公交线路、1.2万余辆公交车与京津实现一卡通行,京津冀交通一卡通覆盖区域内全部13个地级及以上城市。京津冀省域道路客运联网售票系统基本建成,70个客运站完成联网;交通设施服务能力持续增强,高速公路ETC联网收费实现全覆盖。京津冀地区第一个海铁联运综合性集装箱铁路枢纽中铁天津集装箱中心站正式开通运营。

专栏三:中铁天津集装箱中心站

2016年6月28日,随着首趟天津港-广州的海铁联运集装箱班列开通运营,标志着京津冀地区第一个海铁联运集装箱枢纽(中铁集装箱中心站)正式开通。借助丰富的铁路网资源,通过二连浩特、阿拉山口、霍尔果斯、满洲里四个过境口岸,打通了发往亚欧地区国际集装箱班列的快速通道,并有效推动了天津港集装箱海铁联运功能布局的全面升级,大幅提升了西北地区为主、辐射全国的国内集装箱发运和接卸能力。

三、长江经济带综合立体交通走廊基本形成

长江经济带地区铁路营业里程达到3.7万公里,其中,设计速度250公里/小时

及以上的高速铁路里程达8560公里。长江经济带地区铁路网密度达每万平方公里179.6公里，其中高速铁路网密度为每万平方公里42.0公里，沪昆高铁全线通车。区域公路通车里程达180.6万公里，其中，高速公路达5.1万公里。区域公路线网密度达每万平方公里8861.8公里，其中，高速公路网密度达每万平方公里251.1公里，沪蓉、沪渝、沪昆3条主骨架高速公路全线贯通。长江南京以下12.5米深水航道基本建成，内河航道通航里程为9.1万公里，其中三级及以上航道里程8185公里。内河规模以上码头泊位达12399个，其中，万吨级泊位为417个，全球最大的单体全自动化集装箱码头上海洋山港四期开港运行。区域已建成民航运输机场达84个，武汉天河机场三期、成都新机场等项目顺利实施，沿江机场布局进一步完善。

随着长江经济带一批重大交通基础设施的建成，进一步增强了区域内部的空间经济联系强度，改善了居民出行条件。沪昆客运专线的全线贯通，增强了沿江快速通道能力，也结束了云南省不通高速铁路的历史。宁启铁路复线电气化改造、武汉至孝感城际铁路、长株潭城际铁路的建成投产，增强了相关城市群地区的快速交通联系。渝万高铁、昆玉铁路扩能的完工，改善了重庆市区、昆明对本省市区域内的辐射带动能力，改善了相对欠发达地区的快速大能力通达条件。此外，通过建立覆盖全流域的长江经济带省际协商合作机制，打破了行政区划界限和壁垒，推进基础设施互联互通，促进区域经济协调发展。

专栏四：沪昆高速铁路

2016年6月16日，上海至昆明高速铁路贵阳至昆明段开通运营，标志着我国东西向最长铁路——沪昆高铁全线通车。沪昆高速铁路是经过省份最多的高速铁路，是国家规划的“四纵四横”综合运输大通道和“四纵四横”铁路客运专线网的重要组成部分。其全线通车，将原来上海至昆明的34小时减少至11小时，大大缩短了我国西南地区与华南、华东和中南地区的距离，对改善区域交通运输条件，促进区域经济社会发展具有重要意义。

四、交通脱贫、扶贫攻坚实现率先突破

党的十八大以来，我国高度重视农村公路的发展，要求农村公路建设要因地

制宜、以人为本，逐步消除制约农村发展的交通瓶颈，为广大农民脱贫致富奔小康提供更好的保障。交通运输部对农村公路工作做了重点部署、重点督促、重点支持。政策方面，制定了《关于推进"四好农村路"建设的意见》，在全国组织开展了以建好、管好、护好、运营好农村公路为主要内容的"四好农村路"建设，制定了《全面建成小康社会交通运输发展目标和指标体系》；投资方面，在中央车购税资金大幅减收的情况下，把推进"四好农村路"建设与稳增长、惠民生结合起来，连续两年超额完成国家确定的"全国新改建农村公路20万公里"目标。五年以来，中央投资农村公路超过3200亿元，带动全社会总投资约1.3万亿元，新改建农村公路里程超过100万公里。

按照"外通内联、通村畅乡"的总体要求，集中连片特困地区14个片区加快了国家高速公路、普通国省道和农村公路建设，公路网规模显著扩大，技术等级明显提升。共建设了6.6万公里国省道和33万公里农村公路，公路网总里程达132.0万公里，其中，高速公路2.5万公里，二级及以上公路10.1万公里。14个片区解决了654个乡镇和4.8万个建制村通硬化路问题，建制村通硬化路率达86.2%，超过西部地区平均水平5.2个百分点。此外，交通扶贫还专项支持14个片区改造建设了2.1万公里以县乡公路为主的旅游路、资源路和产业路，带动了贫困地区资源开发和产业发展。

五年来，集中连片特困地区加强乌江、赣江、淮河、蕲河等航道的改造建设，新增及改善航道里程3673公里，新增码头泊位130个，改善了相关地区库湖区航运条件。通过实施渡口改造和渡改桥工程，改造渡口1166处、渡改桥6.4万延米，改善了农村水网地区的渡运条件。此外，14个片区改造建设了334个县城客运站、2404个乡镇客运站和6.5万个建制村招呼站，有效改善了群众出行的候车条件及出行安全。目前，14个片区57.6%的乡镇建有等级客运站，52.3%的建制村建有停靠点，乡镇和建制村通客车率分别达到99.1%和96.5%以上，城乡运输一体化水平接近80%。

在支持云南怒江州"溜索改桥"的基础上，安排资金支持四川、贵州、云南、陕西、甘肃、青海、新疆等省、自治区改造建设了309个"溜索改桥"项目，并配套建设近900公里的连接道路,惠及904个建制村的95.8万群众(其中贫困人口65.8万人),提高了当地群众出行的安全水平,促进了对外联系和当地资源的开发利用。此外,一些边远、贫困地区的通勤航空、基本航空服务试点工作稳步实施。有条件地区的无人机物流配送工作试点已经启动。农村交通与产业融合发展加速推进,特色种植养殖业、电商、乡村旅游等产业与交通运输的关联融合日趋紧密,贫困地区脱贫致富道路越走越宽。

专栏五:鹦哥村溜索改桥项目

2018年5月30日,鹦哥大桥完成最后一段35米引桥现浇箱梁作业,标志着鹦哥溜索改桥主体工程完工,进入最后阶段的桥面铺装和防护栏施工。新建鹦哥溜索改桥项目位于金沙江上,距离云南省巧家县与四川省布拖县交界处的鹦哥溜索500米左右,与江面的垂直距离200米左右,大桥全长385.5米,宽9米,单跨跨径260米。该项目的建成,将改变鹦哥村没有道路,村民出行全部依靠溜索的困境,彻底解决村民出行难问题。

五、交通运输军民融合发展进入新阶段

交通运输既是支撑经济社会发展的重要基础,是维护国家安全和国防安全的重要保障,也是贯彻落实军民融合发展战略的重点领域。十八大以来,交通运输部在加快铁路、公路、水路、民航基础设施建设的同时,把增强国防能力纳入发展规划,不断加强国防交通建设,与军队有关部门密切配合,积极推进交通运输领域军民融合深度发展,取得显著成效。

交通基础设施服务国防交通的能力显著增强。截至2017年底,综合交通运输体系不断完善,高速铁路营业里程达到2.5万公里,高速公路通车里程达到13.65万公里,港口拥有万吨级及以上泊位2366个,颁证民用航空机场229个。日趋完善的交通基础设施网络,为国防巩固和军队建设提供了基础支撑。南沙群岛有关进驻岛礁上建设了5座大型灯塔并投入启用,这5座灯塔均为大型多功能灯塔,塔高在50至55米之间,装配现代化大型旋转灯器,配备直径4.5米灯

笼，夜间发白光，灯光射程22海里，有效地承担着服务航海保障、海上搜寻救助、航行安全、渔业生产、海洋防灾减灾等功能。

国防交通专业保障队伍建设成绩显著。以大中型交通运输企业为依托组建的战略投送支援队伍，为快速组织远距离、大规模国防运输提供了有力保障。加强重点方向和重点地区国防交通专业保障队伍建设，规范国防交通物资储备管理，不断提升交通运输应急保障水平，在抢险救灾、应急搜救中发挥了重要作用。此外，军民融合、军地合作体制机制不断健全，深度融合有序推进。以检验应急预案、完善决策指挥体系、磨合军地联动机制、提升应急处置能力、深度探索军地力量优势互补为目标，成功组织军地联合应急演练。

专栏六：中华人民共和国国防交通法

2016年9月3日，十二届全国人大常委会第二十二次会议高票通过《中华人民共和国国防交通法》（以下简称《国防交通法》），这是我国第一部专门规范国防交通活动的基本法律。《国防交通法》的诞生，将国防交通上升到法律高度，依法开展国防交通活动，对于加强战略投送能力建设，促进军民融合深度发展，维护国家安全和发展利益，实现强国梦和强军梦，具有十分重要的意义，也是实现军民融合深度发展的重要保证。

第二节　交通基础设施建设实现跨越式发展

一、综合交通运输体系建设初步形成

十八大以来，我国各种交通运输方式快速发展，综合交通运输体系不断完善，较好的完成规划目标任务，总体适应经济社会发展要求，交通运输进入了加快现代综合交通运输体系建设的新阶段。经过多年改革发展，多节点、网格状、全覆盖的综合交通运输网络已经初步形成，“五纵五横”综合运输大通道基本贯通。多层次铁路网络初步形成，中西部铁路网骨架加快形成，综合枢纽同步完

善,路网结构日趋优化,质量大幅提升。高速铁路里程达 1.9 万公里,居世界第一,成为“中国创造”“中国制造”的新名片。建立了广覆盖的公路网,中国高速公路总里程达 12.4 万公里,居世界第一,特别是农村公路里程将近 400 万公里,通达全国 37684 个乡镇和 634390 个建制村,通达率分别达到 99.9%、99.8%。干支衔接的水运网初步建成,沿海港口整体处于世界较先进水平,内河航道通航里程达 12.7 万公里,居世界第一,生产性码头泊位 3.13 万个,其中,万吨级及以上泊位 2221 个。民用机场体系基本成型,全国民航运输机场达 210 个,民航运营安全水平整体较高。106 个综合客运枢纽和 186 个综合货运枢纽(物流园区)投入运营。油气管道骨干网络初步形成。

专栏七:唐山市多措并举推进现代综合交通运输体系建设

唐山市以“建成京津冀东北部综合交通运输中心”为目标,全力推进现代综合交通运输体系建设,为建设国际化沿海强市提供有力保障。一方面,以互联互通为重点,加快补齐基础设施短板,加快完善公路网络,解决断头路、瓶颈路问题,重点推进干线公路项目建设,继续开展“四好农村路”创建工作。以一体化服务为目标,提升综合运输的连续性与无缝化水平。大力支持港口集装箱多式联运,支持集装箱港口企业开展港内铁路场站建设,完善铁水联运网络,扩大铁水联运规模。加快城乡客运一体化建设,通过试点带动,指导各县区进一步推进农村客运公交化改造工作。另一方面,以精细化管理为手段,加强行业治理能力建设。深化道路运输市场专项整顿,严格市场准入,严厉打击无照经营业户、车辆私自改装,以城市出入口道路、高速公路、国省干线等为重点,开展扬尘飘洒专项治理行动和治理超限超载联合执法行动,打造“畅安舒美”的公路环境。以信息化、智能化为依托,促进新老业态融合发展。加快物流行业与互联网融合发展,积极推进道路运输无车承运人试点工作,引导物流企业信息平台建设,主动适应“网约车”快速发展,建立健全体制机制,促进传统出租汽车与网约车融合发展。

二、各种运输方式网络规模和通达程度大幅提升

铁路营业里程达到12.7万公里，五年增长2.7万公里，其中高速铁路营业里程2.5万公里。以高速铁路为骨架，以城际铁路为补充的快速客运网络初步建成。全国铁路路网密度132.2公里/万平方公里，同比增加3.0公里/万平方公里，覆盖65%以上的百万人口城市。铁路营业里程中，复线里程7.2万公里，同比增长5.4%；电气化里程8.7万公里，同比增长7.8%。

全国公路总里程477.35万公里，公路总里程五年增长约53.4万公里。公路密度49.72公里/百平方公里，提高5.58公里/百平方公里。高速公路达到13.65万公里，覆盖97%的20万人口城市及地级行政中心。全国通公路的乡(镇)占全国乡(镇)总数的99.99%，其中通硬化路面的乡(镇)占全国乡(镇)总数的99.39%，提高1.96个百分点；通公路的建制村占全国建制村总数的99.98%，其中，通硬化路面的建制村占全国建制村总数的98.35%，提高11.89个百分点。

内河航道条件持续改善，通江达海干支衔接的航道网络进一步完善。全国内河航道通航里程12.70万公里，五年增长0.2万公里，等级航道6.62万公里，占总里程52.1%。其中，三级及以上航道1.25万公里，占总里程9.8%。

民航运输机场达229个，服务覆盖全国88.5%的地市、76.5%的县，东北地区颁证机场27个，东部地区54个，西部地区114个，中部地区34个。其中，定期航班通航机场228个，定期航班通航城市224个。定期航班航线4418条，按重复距离计算的航线里程为1082.9万公里，按不重复距离计算的航线里程为748.3万公里。

全国邮政邮路总条数已达2.7万条，邮路总长度(单程)938.5万公里。全国邮政农村投递路线9万条，农村投递路线长度(单程)380.5万公里。全国邮政城市投递路线6.7万条，城市投递路线长度(单程)162.8万公里。全国快递服务网路条数20.5万条，快递服务网路长度(单程)3648.7万公里。邮政乡乡设所、村村通邮总体实现。快递公共投递服务站近2.9万个，快递乡镇网点覆盖率达到87.3%。

专栏八:墨脱公路

2013年10月31日,由国家全额投资9.5亿元,有世界公路修建史上六个最,即"地形起伏最大、自然坡降最大、降雨量最大、地震烈度最大、地质灾害最多、地质条件最复杂"之称的墨脱公路正式建成通车。标志着我国唯一不通公路县——墨脱县告别了"高原孤岛"的现状,西藏开启了交通运输发展的新篇章,中国真正实现县县通公路。

专栏九:上海港洋山港区四期全自动码头

2017年12月10日,世界第一大集装箱港口——上海港洋山港区迎来第四期工程开港,洋山四期位于东海大桥以南,总用地面积223万平方米,码头前沿自然水深大部分在11至15米,共建设7个集装箱泊位,集装箱码头岸线总长2350米,初期设计年通过能力为400万标准箱。洋山港区四期全自动码头是全球规模最大、设备最先进的码头,且拥有自主知识产权。该码头的开港,标志着中国港口行业在运营模式和技术应用上实现了里程碑式的跨越升级与重大变革。

第三节　运输服务保障能力显著增强

一、客运服务水平显著提升

2017年,全国客运量及周转量分别达到184.86亿人次和32812.55亿人·公里。铁路完成旅客发送量30.84亿人次,旅客周转量13456.92亿人·公里,年均增长率达到10%左右。高铁动车组累计发送旅客突破70亿人次。公路营业性客运量完成145.68亿人次,旅客周转量9765.18亿人·公里,全国29个省,90%以上二级道路客运站初步实现省域联网售票,高速公路承担了全社会超过1/3的客运量。一批集多种运输方式于一体的综合客运枢纽建成投入运营,旅客换乘更加便捷。水路客运量及周转量分别完成 2.83 亿人次、77.66 亿人·公里，全国港口完成旅客吞吐量 1.85 亿人次。

客运基本公共服务均等化水平大幅提升，“公交优先”理念深入落实，公交都市创建有序开展，公共交通年客运量超过 900 亿人次，34 个城市开通运营城市轨道交通。全国拥有公共汽电车运营线路 56786 条，运营线路总长度 106.9 万公里。其中，公交专用车道 10914.5 公里，快速公交线路长度 3424.5 公里。轨道交通运营线路 149 条，运营线路总长度 4484.2 公里；其中，地铁线路 124 条、3976.9 公里，轻轨线路 6 条、203.0 公里。定制公交、商务快巴、旅游专线、社区巴士等特色公交服务产品的新模式不断丰富，网约出租汽车等新业态快速发展。

专栏十：青岛公交都市示范城市创建工程

十八大以来，交通运输部先后组织了三批公交都市创建城市申报工作，青岛市作为全国及山东省的公交都市创建的试点城市，积极践行“公共交通引领城市发展”理念，政策体系不断完善、全域公交基本服务均等化加快推进、设施服务能力显著提高。试点期间，青岛市出台公共汽电车财政补贴、成本规制、服务考核等一揽子政策，在国内同类城市中率先建立政府购买公交服务模式；326 个贫困村通公交，完成主城区至平度客运班车公交化改造；结合城市交通拥堵治理，迁改公交站点 22 处，建成 17 组智能化候车亭及 10 处免费 Wi-Fi 站牌，公交出行信息化服务水平显著提升。

二、货运服务能力显著增强

运输规模位居世界前列。2017 年，全社会完成营业性货运量 472.43 亿吨，货物周转量 192588.50 亿吨·公里。其中，铁路完成货运总发送量 36.89 亿吨，货运总周转量 26962.20 亿吨·公里，铁路货运量居世界第一，货运周转量居世界第二；公路完成货运量 368.69 亿吨，货物周转量 66771.52 亿吨·公里，水运完成货运量 66.78 亿吨，货物周转量 98611.25 亿吨·公里，公路水路货运量及周转量居世界第一；全国港口完成货物吞吐量 140.07 亿吨，连续 10 多年保持世界第一，完成集装箱吞吐量2.38亿标准箱,港口集装箱吞吐量占全世界总量的1/3以上;邮政业完成业务总量9763.71亿元,快递业务量完成400.56亿件,快递业务收入完成4957.11亿元,快递业务收入占邮政行业业务收入比重达74.9%。

运输服务质量全面提升。铁路货物发送量持续高位运行,货运能力不断释放提升,重点物资运输保障有力,受理服务明显改善,中欧班列形成品牌效应。公路甩挂运输试点稳步推进,已覆盖全国主要省份。集装箱、厢式货车等标准化运载单元加快推广,城乡物流配送信息化、集约化程度明显提升。水运承担国内大宗物资调运和90%以上外贸进出口物资运输,航空货邮运量比2012年增加23%。邮政业市场规模超过全球份额1/5,年服务用户超过1000亿人次,年支撑国内网购交易额突破5万亿元。快递业务量突破400亿件,年均增长50%以上,稳居世界第一。

专栏十一:四川省长途汽车运输(集团)公司甩挂运输试点项目

甩挂运输,集汽车列车运输与装卸甩挂作业技术于一体,是一种集约、高效的运输组织模式,是道路货运业组织化、规模化、网络化、信息化和标准化发展水平的集中体现,在提高运输效率、降低物流成本、促进节能减排等方面的优势非常显著。2014年11月,四川省交通运输部甩挂运输试点项目——四川省长途汽车运输(集团)公司顺利通过验收。该企业在甩挂运输试点项目的开展过程中,单车年行驶里程增加49%,周转量提高约57.6%,百吨公里油耗降低11.9%。试点项目年节约油耗28万升,减少二氧化碳排放761吨,节能减排效果显著。该项目的顺利验收,充分体现了甩挂运输模式具有明显的经济和社会效益,为进一步推动我国道路货物运输可持续健康发展发挥了积极的示范作用。

三、安全水平大幅改善,应急能力显著提高

交通运输安全水平大幅改善,交通运输事故起数和死亡失踪人数实现双下降。铁路旅客运输总体安全水平居世界前列,运输安全基础进一步夯实。公路水路交通运输建设领域总体平稳,未发生重特大事故,死亡人数同比下降1.5%,2017年内共发生运输船舶水上交通事故死亡失踪190人,同比下降6.4%,沉船

80 艘,同比下降 2.4%。民航安全水平世界领先,未发生运输航空重大安全事故。

安全管理制度建设稳步推进,应急管理体系进一步完善,交通运输应急保障能力得到提高。安全生产事故责任追究、危险品运输监督管理、道路运输车辆动态监督管理、邮件快递寄递安全管理等制度逐步完善。以高铁为重点的铁路安全风险控制体系、危险品运输为重点的道路安全生产风险防控体系,以及城市公共交通安全运营保障体系建设加快推进。"两客一危"车辆和"四客一危"船舶动态监测覆盖率明显提升。建立和完善国家海上搜救和重大海上应急处置部际联席会议制度,海上搜救打捞力量持续增强,搜救志愿者队伍不断扩大。初步构建了广泛覆盖、反应迅速、立体高效的水上交通安全监管和海上应急保障体系。

专栏十二:湖北"两客一危"车辆 4G 视频监控升级工程

为有效消除"两客一危"车辆对道路交通安全的不利影响,加强"两客一危"车辆安全监管,湖北省召开了专题会议,对 4G 动态视频监控升级工作进行了系统部署,提出"硬责任、硬措施、硬要求",印发了《关于抓紧推进全省"两客一危"车辆升级 4G 动态视频监控的通知》,组织编写了《湖北省"两客一危"车辆升级 4G 动态视频监控技术标准》,并投入 7374.4 万元,采取补助方式,对"两客一危"车辆的视频终端进行补助。截至 2017 年 10 月,湖北省 13854 辆客车及旅游包车、10371 辆危货车辆 4G 动态视频监控全部完成升级。该项工程的实施,将有利于行业管理部门充分运用"两客一危"4G 动态视频升级平台,全面加强"两客一危"车辆安全监管,实现 4G 动态视频监控系统安装、联通、培训、应用、考核"五位一体",实现企业监控网、行业监管网、第三方监测网"三网合一",为道路运输安全监管提供有效保障。

第四节　行业治理体系不断完善

一、综合交通运输管理体制机制基本形成

通过实施交通运输大部门制改革,国家层面"一部三局"架构基本建立,形

成了由交通运输部管理国家铁路局、中国民用航空局、国家邮政局的大部门管理体制架构。各地积极推进综合交通运输管理体制改革,加快综合交通运输体系建设,省级层面已有17个省(区、市)基本建立了综合交通管理体制或运行协调机制。铁路管理体制改革持续推进,继2013年3月顺利实施铁路政企分开重大体制改革之后,2017年又顺利实施18个铁路局公司制改革和总公司机关组织机构改革,铁路机关部门、内设机构、定员编制同比分别精简10.3%、26.6%、8.1%,6个所属非运输企业改革方案已批复实施,我国铁路制度优势更加突出显现。建立了水运业权力清单制度,取消、下放了一批涉水行政审批事项,逐步加强了事中、事后监管,政府管理方式不断优化和创新。区域港口一体化成效初显,直属海事系统核编转制顺利完成。港航公安体制、民航局属国企改革和机场公安体制、空管系统体制机制等改革加快推进。邮政体制改革有序开展,政企分开改革持续推进,三级邮政管理体系全面确立,县级邮政管理机构组建取得突破。

专栏十三:综合交通管理体制机制改革

加强综合交通运输体系建设,是贯彻落实党中央、国务院全面深化改革战略部署、适应新常态的必然要求,也是遵循交通运输发展规律、发挥各种运输方式的比较优势和组合效率、助力经济社会发展的必由之路。国家层面已经建立起“一部三局”的大部门体制,交通运输部统筹负责推进综合交通运输体系建设,统筹规划铁路、公路、水路、民航以及邮政行业发展,组织编制综合交通运输体系规划,组织起草综合交通运输法律法规草案,拟订综合交通运输标准。与此同时,部与国家局建立了运行协调机制。地方交通运输大部门制体制机制改革正在不断深化,呈现出很多“地方特色”,天津、河北、上海、江苏、重庆5个省市基本建立起综合交通运输大部门管理体制,由交通运输主管部门实行统筹管理;12个省份建立了综合交通运输协调机制,其中,浙江、湖北、广东三省已在协调机制层面成立了省综合交通运输协调领导小组;北京市交通委员会会同民航华北局及北京铁路局、邮政局、气象局,建立综合运输服务工作机制；山西、辽宁、黑龙江、河南、甘肃等省开展了协调机制建设调研，拟定了有关实施方案和意见。

二、行业标准不断完善

标准化管理体系方面，成立了交通运输部标准化管理委员会，指导交通运输技术标准体系建设，统筹协调衔接各种交通运输方式标准和重大事项。构建了26个覆盖交通运输主要领域的标准化专业技术组织，凝聚了一大批从事标准化工作的人才队伍。制定了较为全面的铁路、公路、水运、民航和邮政领域的标准化管理制度，为交通运输标准化工作提供了制度保障。

技术标准体系方面，成立了19个标准化委员会，构建了较为完善的铁路、公路、水运、民航和邮政技术标准体系，发布了综合交通运输、交通物流、信息化、工程建设、道路运输、城市客运等重点标准体系。在高速铁路、公路工程、水运工程、城市客运、运输服务、邮政快递、安全应急、节能环保等领域，加大急需标准的制修订，现行有效标准达到3200余项，满足了行业发展的迫切需求。

标准国际化方面，积极参加国际标准化组织（ISO）等国际标准化活动，主持制定国际标准20余项。组织编译出版110余本交通运输标准规范外文版，并在海外工程项目中使用，推进了交通运输标准“走出去”。组织编译出版《国外道路最新技术与标准规范译丛》，为国内企业引进、消化、吸收国外先进技术与规范提供了重要样本。

专栏十四：《交通运输标准化体系》编制工程

2017年3月，交通运输部标准化委员会第三次会议审议通过了由交通运输部科技司组织交通运输部科学研究院牵头，中国铁道科学研究院、中国民航科学院、国家邮政局发展研究中心等29家单位的100余名专家编写的《交通运输标准化体系》。《交通运输标准化体系》是行业标准化工作的顶层设计，是从政策制度、技术标准、标准国家化、实施监督和支撑保障5个方面建立的一套完整的工作体系，是首次对综合交通运输、铁路、公路、水运、民航和邮政领域的技术标准进行全面梳理和系统设计,实现了交通运输标准化工作的全覆盖。该项工作有助于摸清底数,找准短板,合理界定各领域、各层级标准制定范围,有效解决标准存在的交叉、重复、矛盾等问题,是构建新型标准体系的一项重要举措。

三、法规制度体系不断完善

为了适应改革发展需要,全面提升行业治理能力,交通运输部门着力创新制度供给,研究出台系列行业管理部门规章和规范性文件,对交通运输法律法规进行了大量的立、改、废工作。十八大以来,交通运输各部门在逐步完善法律法规体系建设方面均做了大量的工作,铁路、公路、水路、民航共有188件部门规章颁布实施,综合交通运输法律体系初步形成。其中,水运行业方面,颁布实施了《中华人民共和国航道法》《国内水路运输管理条例》《港口岸线使用审批管理办法》等法律法规;邮政业方面,两次修改《中华人民共和国邮政法》,制修订9项部门规章,推动出台邮政地方性法规、地方政府规章38部。

专栏十五:《中华人民共和国航道法》编制工程

2014年12月28日,《中华人民共和国航道法》由中华人民共和国第十二届全国人民代表大会常务委员会第十二次会议通过。该法是规范航道的规划、建设、管理和保护的一部法律,从1995年起,交通运输部就开始了相关的起草工作。编制期间,向社会公开征求意见,组织专家学者召开论证会,征求有关部门和地方政府的意见,进行大量协调修改,经过全国人大常委会两次审议之后,顺利通过。《中华人民共和国航道法》的出台,对于促进航道科学发展、安全发展、合理开发、综合利用好水资源,保障航道畅通和航行安全,维护社会各界依法使用航道的权益,充分发挥航道在构建综合交通运输体系中的基础性作用,促进国民经济全面协调可持续发展,谋划由东向西、由沿海向内地、沿大江大河和陆路交通干线梯度推进的区域发展新棋局具有重要意义。

四、简政放权力度不断加大

简政放权力度不断加大，市场准入门槛逐步放宽。行政审批事项大幅精简，取消下放了多项行政审批事项，制定并公布了权力清单，细化了事中事后监管措施。全面推广“双随机、一公开”抽查，全面施行行政审批改革、投资审批改革、职业资格改革、商事制度改革、收费清理改革。2013 年以来，交通运输部先后分 9 批取消和下放了 38 项行政审批事项，将 16 项前置审批事项改为后置审批，部本级取消下放幅度达 61.5%；取消全部非行政许可审批事项，取消 9 项中央指定地方实施审批事项，取消中介服务事项 7 项，减少职业资格事项 14 项；完成工商登记前置审批改后置改革，将 15 项工商登记前置审批事项全部改为后置；取消船舶港务费等 8 项收费，降低长江干线船舶引航费等 2 项收费标准，免征部分船舶的船舶登记费、长江干线船舶引航费。

专栏十六：水运涉企行政事业性收费改革

交通运输部在会同国家发展和改革委员会、财政部开展调研的基础上，研究提出了取消有关水运涉企行政事业性收费的建议措施。财政部会同国家发展和改革委员会印发通知，明确自 2015 年 10 月 1 日起，取消船舶港务费、特种船舶和水上水下工程护航费、船舶临时登记费、船舶烟囱标志或公司旗注册费、船舶更名或船籍港变更费、船舶国籍证书费、废钢船登记费 7 项中央级设立的行政事业性收费。据测算，取消船舶港务费，每年将减轻企业负担 54 亿元；取消特种船舶和水上水下工程护航费，每年减负 4800 万元；规范简化合并船舶登记费，取消船舶登记费中的临时登记费、烟囱标志或公司旗注册费、船籍港变更费、国籍证书费和废钢船登记费，每年减负 300 万元。该项水运收费改革措施的实施是进一步清理我国行政收费乱象的有力抓手，将有效降低航运企业的运行成本，增强水运企业参与国际贸易的竞争力。

五、行业社会共治格局日趋完善

行业信用体系建设稳步推进，市场体系不断完善，行业治理格局逐步形成。

随着多年的市场化进程,交通建设、养护、运输不断推向市场。积极推行市场准入负面清单制度,鼓励和引导社会资本参与交通运输投资运营,大力推广社会资本与政府合作 PPP 模式。交通运输实现政企分开,加快市场信用体系建设,市场监管体系逐步完善,统一开放、竞争有序、充满活力的交通运输市场基本形成。铁路方面,铁路行业监管部门与国家相关部门、地方政府、企业及社会共同参与、协同配合的铁路安全保障和应急救援体制机制逐步完善,安全应急保障水平不断提升;邮政方面,国内包裹快递市场全面开放,推动内外资公平有序竞争。政企分开改革持续推进,邮政市场体系不断完善。部管社团改革持续深入。认真办理人大建议、政协提案,积极引导企事业单位、社会组织、人民群众参与行业治理监督,依法接待处理群众信访诉求。

专栏十七:江苏交通运输行业信用体系建设工程

十八大以来,江苏省对交通运输信用管理制度体系进行不断的优化调整,2013 年出台了《江苏省公路水运建设市场信用信息管理办法》规范性文件,以及配套的施工、监理、咨询等 3 个信用评价实施细则建立第三方核查机制,形成"以履约考核机制、信用评价机制、第三方核查机制"共同作用的交通建设工程信用管理运行机制。同时,依托交通运输厅门户网站,建设完善江苏交通行业信用信息服务网站,为社会公众提供交通行业企业和人员信用信息服务。依托现有省级数据交换平台,建设数据采集源共享机制,实现信用信息在各级交通运输部门及政府信用办、公安、应急管理等部门间的交换与共享。通过开展交通运输行业信用体系建设工程,信用管理制度不断完善,信用系统不断优化,行业信用体系建设卓有成效,交通运输行业治理能力不断提升。

第五节　行业创新发展水平不断提高

一、交通设施装备技术水平进入世界前列

随着高寒、高海拔高速公路建设等技术难题陆续攻克,高速铁路、高寒铁路、

高原铁路、重载铁路技术迈入世界先进行列，高速铁路成为“中国制造”和“走出去”的新名片。高原冻土、膨胀土、沙漠等特殊地质的铁路、公路建设技术克服世界级难题，青藏公路、青藏铁路先后建成通车运营。陆续建成一批世界级特大桥隧，特大桥隧建造技术达到世界先进水平。离岸深水港建设关键技术、复杂巨型河口深水航道整治技术、长河段航道系统治理技术以及大型机场和高原机场工程建设技术世界领先，实施港珠澳大桥、洋山港集装箱码头、长江口深水航道治理等系列重大工程。

以高速列车、大功率机车为代表的一批具有自主知识产权的高性能铁路装备技术达到世界先进水平，部分达到世界领先水平。中国标准动车组命名“复兴号”并实现时速350公里商业运营，树立起世界高铁建设运营的新标杆。清洁能源和新能源运输装备得到推广，插电式混合动力、纯电动等新能源车辆在城市公共汽车和出租汽车领域加快应用。自主研制的支线客机、通用飞机、直升机已交付使用，C919大型客机总装下线，支线客机ARJ21成功载客运营，中国成为世界上为数不多的能够自主研制大飞机的国家。大型专业化码头装卸设备制造、海工机械特种船舶、集装箱成套设备制造技术领先世界，300米饱和潜水取得创新性突破。北斗系统应用取得重大突破。邮政光学字符识别（ORC）、视频补码、码址校验等分拣技术处于世界领先水平。

专栏十八：C919大型客机

C919大型客机是我国首款按照最新国际适航标准研制的具有自主知识产权的干线民用飞机，该机型于2008年开始研制，2017年5月5日成功首飞。座级158～168座，航程4075～5555公里，具有巡航气动效率高、运营维护成本较低、飞机油耗较低、发动机噪声较小等特点，截至2018年2月累计获28家客户815架订单。C919大型客机的成功研制，具有重要的意义。在经济方面，C919能使中国民航不再依赖于从欧美进口波音和空客的中层干线客机，打破欧美航空巨头垄断，为国家节省大量外汇；在军事方面，用C919改装预警机、高新机等大型军用特种飞机的潜力巨大；在社会效益方面，C919项目能带动上下游产业发展，增加大量高收入的就业岗位，拉动地方经济发展；

在技术方面,C919能锻炼中国航空工业在干线客机方面的设计和制造能力,培养一批航空人才,提升中国民用航空工业水平。

二、智慧交通蓬勃发展

大数据、云计算、物联网、移动互联网等信息通信技术在交通运输领域广泛应用,线上线下结合的商业模式蓬勃发展。铁路方面,自主化列控系统、智能牵引供电系统、高铁地震预警系统等功能不断优化,设备检测、故障预警技术和应急救援能力显著提升。“12306”和“95306”网站功能升级完善,铁路客运电子支付和货运POS机支付交易额同比分别增长28.2%、159.7%。铁路信息化总体规划和大数据应用实施方案,大数据中心开工建设,铁路信息化建设有序推进。

公路方面,行业基础数据库群基本形成,重要交通基础设施、重点运载装备运行状态数据采集率稳步提升。国省干线公路网超过40%的重点路段,以及特大桥梁、特长隧道实现了运行状况的动态监测,超过95%的“两客一危”重点营运车辆接入了联网联控系统。依托行业信息化重大工程建设,重要业务领域的信息化应用取得重大进展,跨区域、跨部门业务协同水平明显提升。各级交通运输主管部门公共信息服务能力进一步提升,商业化的交通信息服务蓬勃发展,公众信息服务体验不断改善,交通信息服务产业发展环境持续优化。实现了全国高速公路电子不停车收费系统(ETC)联网运行,开展了京、津、冀、湘、渝等省(区、市)的中国高速公路交通广播系统建设,普遍提供了高速公路热线电话和网站等服务手段,移动应用服务(APP)和微信公众号等方式得到快速推广,高速公路出行信息服务水平显著提升。

港口电子数据交换系统(EDI)、船舶交通管理系统(VTS)、船舶自动识别系统(AIS)在水运管理中广泛应用,长江干线航道运行状态监测覆盖率达到85%,100总吨以上内河普通货船、200总吨以上沿海普通货船以及四类重点船舶的监测覆盖率达到了100%,开发了长江干线电子航道图技术。民航商务信息系统处于世界先进水平。邮政建立国家、省(区、市)、市三级联动视频监控体系。无线射频识别技术(RFID)、全球卫星导航系统(GNSS)等现代导航信息技术在民航、物流配送中广泛应用。北斗导航系统成为第三个面向国际航海应用的全球卫星导航系统。

专栏十九：上海智慧交通建设工程

按照"创新示范先行，推广应用跟进，产学研用结合，标准规范配套"的总体策略，上海交通智能化已经成为一体化综合交通体系的重要组成部分。行业监管与应急保障方面，上海市交通委员会交通指挥中心通过接入道路交通、轨道交通、港口水运、交通枢纽及重要区域的视频监控设备、交通事件检测设备，通过共享交警及气象部门的相关交通信息数据及气象数据，防患事故风险于未然，保障总体交通运行畅通安全。道路交通信息服务方面，市民可以通过APP、网站等多种方式查询交通指数、路径拥堵信息、掘路施工信息、道路养护信息等。决策支持方面，依托上海交通综合信息平台开发了交通状态指数系统，建立了交通综合模型，形成交通研判机制，并定期发布交通月报、年报等。上海市形成了以综合交通智能化为主线，实现了对全市干线公路、快速路、地面道路三张路网道路交通信息采集、发布和监控管理的全覆盖，形成了面向政府管理决策、公众出行的多层次交通信息服务模式。

三、绿色交通建设持续推进

十八大以来，随着绿色交通建设的大力推进，国家铁路单位运输工作量综合能耗同比下降3.6%、化学需氧量排放量控制在2108吨以内，民航吨公里油耗及二氧化碳排放量年均下降4.2%，营运车辆单位运输周转量能耗、运营船舶单位运输周转量能耗均显著下降。同时，清洁能源和新能源运输装备得到推广，插电式混合动力、纯电动等新能源车辆在城市公共汽车和出租汽车领域加快应用，"油改气"、绿色货运、绿色维修等技术模式得到推广应用，公共自行车系统快速兴起。在珠三角、长三角、环渤海（京津冀）水域设立了船舶排放控制区，推进长江危化品运输安全保障体系建设，实施"碧海行动"计划，加强重大海上溢油应急处置。长江干线、京杭运河、部分沿海地区开展水运行业应用液化天然气（LNG）试点示范，部分港口安装了码头油气回收装置，实施了船舶岸电工程。

在交通运输规划、设计、建设、运营等环节贯彻生态保护理念,发布了《加快推进绿色循环低碳交通运输发展指导意见》《绿色港口等级评价标准》,逐步建设了一批示范性绿色铁路、公路、港口和航道,开展“车、船、路、港”千家企业低碳交通运输专项行动,推进大气、水污染防治,探索创新荒漠区、高寒区、围填海区域交通运输基础设施生态修复技术,生态环境保护和恢复力度不断加大。仅“十二五”期间就完成交通运输基础设施生态修复总里程近1300公里,修复总面积超过5000万平方米,公路路面废旧料循环利用率达到40%。全国煤炭运输港口、重点矿石运输港口开展粉尘污染控制措施,沿海地区、长江干线布设了溢油应急设备库和配置点。高速铁路采用“以桥代路”,有效节约了耕地,减少了对沿线城镇的切割。

专栏二十:杭州绿色生态交通建设工程

五年来,杭州市致力于打造“绿色交通”,建设绿色生态杭州的行动不断升级提速,致力于谱写低碳出行“杭州模式”。先后完成了低碳交通运输体系建设城市试点和杭州市节能减排财政政策综合示范两个国家级试点工作,并获得全国交通运输行业节能减排先进集体称号。十八大以来,杭州交通始终坚持“公交优先”的发展战略。2013年,杭州成功申报创建国家“公交都市”示范城市,并按照公交都市创建要求,积极改善城市公共交通运行环境,基本形成了由地铁、公交、水上巴士、公共自行车、纯电动出租车构成的具有杭州特色的“五位一体”绿色大公交系统。目前,杭州主城区的5000余辆公交车已全部采用新能源和清洁能源公交车,杭州成为全国第一个实现主城区公交“绿色化”的城市,“绿色公交”每年可为杭州节省燃油4.4万吨,减少二氧化碳等排放12.6万吨;一辆公共自行车平均每天要被租用4.5次,主城区每天有30万人次租用公共自行车,相当于一天内为城市交通减少了15万辆运载2人的小汽车出行;杭州在全国率先利用市区河道资源,推出水上巴士出行方式,目前,已经开通了8条线路,每天约有3000多人次选择水上巴士通行及旅游观光。此外,杭州大力推进“内河船舶能耗动态统计检测系统”,被列为全国交通运输行业绿色循环低碳示范项目。

第二章 综合运输服务水平评价意义及内容

第一节 评价的意义

交通运输是国民经济重要的基础性、先导性、服务性行业，是经济社会发展的先行官，在稳增长、促投资、促消费中发挥着重要的作用，通过运输服务，不仅把社会生产、消费、分配与交换各环节有机地联系起来，保障和支撑社会经济的正常运转与发展，而且随着交通运输产业规模扩大、质量提高、效率跃升，我国经济的快速发展和社会的日新月异均受益于交通运输的变革，交通运输开始发挥对经济社会发展的引领作用。加快构建安全、便捷、高效、绿色、经济的现代综合交通运输体系，对于深入实施国家发展战略，优化国土空间布局，有效拓展经济发展新空间，更好地服务“两个一百年”奋斗目标，具有重要意义。

改革开放的40年来，我国交通运输快速、超常发展，取得了举世瞩目的重大成就。在中国经济进入新常态后，经济转型、产业转移、区域联动、社会福祉、气候变化等外部环境变迁，以及三大战略、四大板块、四个全面等战略格局，对交通运输发展提出了新的要求；与此同时，交通运输积极主动顺应供给侧结构性改革要求，在大部制改革实施，交通运输需求个性化、定制化、多元化转变，“互联网+”交通服务产品不断涌现，高速铁路成网快速发展，智能车路协同系统技术创新等方面正发生体现转型升级的巨大变革。因此，需要我们与时俱进，立足于现状，科学审视我国交通运输发展水平，辨识交通运输发展的地区差异，更好的发挥交通运输对经济社会发展的支撑引领作用。

党中央、国务院高度重视交通运输工作，在《国民经济和社会发展第十三个五年规划纲要》提出要拓展基础设施建设空间，加快完善安全高效、智能绿色、互联互通的现代基础设施网络，更好发挥对经济社会发展的支撑引领作用，坚持网络化布局、智能化管理、一体化服务、绿色化发展，建设国内国际通道联通、区域城乡覆盖广泛、枢纽节点功能完善、运输服务一体高效的综合交通运输体系。2017 年 2 月，为了与“一带一路”建设、京津冀协同发展、长江经济带发展等规划相衔接，推进供给侧结构性改革，推动国家重大战略实施，支撑全面建成小康社会，国务院印发了《“十三五”现代综合交通运输体系发展规划》。该规划从基础设施布局、支撑国家战略、运输服务一体化、智能化水平等方面明确了未来交通运输的发展方向、奋斗目标。

中央经济工作会议指出，推动高质量发展是当前和今后一个时期确定发展思路、制定经济政策、实施宏观调控的根本要求。而交通强国作为社会主义现代化强国的重要组成部分，也必须紧紧围绕抓住高质量发展这个关键。经过近年来快速发展，我国交通运输硬件设施，特别是高铁、大型超大型船舶、高速公路、大型桥梁和隧道、城市轨道交通等许多领域技术水平已经进入世界先进之列。但是，总体而言，仍存在不充分不平衡的突出问题。为此，党的十九大报告提出了交通强国战略，为落实习近平新时代中国特色社会主义思想和基本方略，交通运输部提出了研究交通强国建设研究体系及规划体系，全面启动交通强国建设纲要编制工作，要求要完善“四梁八柱”，加快构建综合交通基础设施网络体系、交通运输服务体系等保障体系。2017 年 12 月，交通运输部组织召开了全国交通运输工作会议，提出，建设交通强国，必须紧紧围绕建设现代化经济体系的要求，着力构建与交通强国相适应的框架体系。具体包括，构建综合交通基础设施网络、运输装备、运输服务、创新发展、现代治理、开放合作、安全发展、运输支撑保障等八大体系。

由此可见，党中央、国务院及交通运输主管部门均高度重视交通运输发展状况，提出了明确的发展目标并指出了未来交通运输的发展方向。因此，研究构建一个“综合指标”反映交通运输发展水平以便为管理部门开展行业管理提供量化支撑显得尤为必要。这个“综合指标”即指数，是指综合反映由多种因素组成的经济现象在不同时间或空间条件下平均变动的相对数；作为一种相对数，能把一种复杂的现象简单化，人们可以通过指数看到这个现象在总体上的变化方向和程度。

在交通运输领域，国内外研究机构、专家学者对于统计指数的构建做了许多有益的尝试。比如美国运输统计局（BTS）于2004年开发了一项能反映客货运输生产情况和经济之间联系的指数——运输服务指数（TSI），该指数包括货运TSI和客运TSI，涵盖公路、铁路、水运、航空、管道等5种运输方式，是交通运输行业综合指标。2007年，美国交通运输部研究和创新技术局公布，经研究验证，货运TSI为先导性经济指数，可预测宏观经济发展趋势，客运TSI为同步性经济指数，可反映宏观经济运行状态。作为美国国内运输服务中应用最广泛的月度标准，为运输服务提供了最新的衡量尺度，反映了美国客货运输服务真实的月度变化。得克萨斯交通研究所通过采用时间可靠度来描述道路网络中路段行程时间的随机波动特征，并定义了行程时间指数、缓冲指数、规划行程时间指数作为具体量化指标，对重点公路进行分析。该指数不仅可以作为交通机动性的评价指标，还可为出行者预估出行时间提供参考，并因其较高的准确性、敏感度和时机可操作性被广泛采用。美国质量研究中心和美国质量协会通过200多家企业的数据，使用一个经过检验的多方程计量经济学模型得出企业、行业、经济部门及国际四层次的顾客满意度指数。基于该指数，不仅可以根据行业平均水平实现个体企业的比较，政府还可以从顾客满意度指数测评的中间过程中收集不满意数据，作为各个行业关于质量问题的信息以及对传统经济测量方法的补充。

国内交通领域对交通指数也有一些理论研究和实践。比较有代表性的有中国物流与采购联合会于2013年3月5日正式对外发布的中国物流业景气指数（LPI）。中国物流业景气指数在广泛调查研究、吸收并借鉴国内外相关经验的基础上，结合我国国情，建立了由12个分项指数和一个合成指数构成的物流业景气指数指标体系。LPI反映物流业发展的总体变化情况，以50%作为经济强弱的分界点,高于50%时,反映物流业经济扩张;低于50%时,则反映物流业经济收缩。交通运输部科学研究院通过借鉴国内外相关技术,从综合交通角度出发,以各种运输方式客货运量为基础指标,经过季节调整、无量纲化、权重设置、合成指数等处理环节,加权合成后得出可以反映我国交通运输行业总体运行状况的行业指数。该指数由综合指数以及货运指数、客运指数两个分项指数构成,不仅能够反映运输服务行业总体发展态势及变化趋势,而且在揭示宏观经济发展变化方面具有一定的预警效果。北京交通发展研究中心和北京交通大学共同对城市交通拥堵评价开展了系统研究,通过主成分分析和层次分析法,建立了一套城市交通拥堵评价指标体系和评价方法,提出了国内大城市交通综合指数和交通出行指数的概念和模型。其中,交通综合指数可以确定城市交通状态的优良度,交通出行指数则通过具体量化指标对城市居民和旅行者提供出行参考。

总体来看,目前的交通运输行业统计指标体系中缺乏一个能表征交通运输行业运行状况,反映交通运输业发展趋势的"综合指标",已有的交通类指数大多从交通领域的某几个方面或从某些运输方式出发去构建指数用于反映交通运输行业的发展态势及变化趋势,而未涉及交通运输行业的其他方面。从国家宏观决策层面看,现有的对交通运输运行状况进行分析在大多数情况下仍旧是基于某一个或几个指标的同比、环比的增减变化来体现交通运输业的发展水平及变化趋势,缺乏能够全面衡量其发展总体水平的指数,从国家层面进行纵向比较缺少相应的理论支撑。从区域协调发展层面,由于我国空间范围辽阔,东、中、西发展不平衡,交通运输行业主管部门在做综合交通发展水平评价及阶段划分横向对比时,缺少全国通用且权威有效的评价标准,进而对不同区域精准施策提供了难题。从交通自身发展层面,由于缺乏交通运输发展水平评价的指数,区域政府及交通运输主管部门不能准确的发现当地交通运输存在的薄弱环节和突出问题,工作推进过程中存在一定的盲目性,不仅浪费资源,而且达不到预期的效果。

因此,可以借鉴国内外已有交通指数的构建经验,基于我国国情以及交通运输行业已建立的统计指标体系,探索合适的方法构建交通运输发展指数,为了更加客观地表征行业运行状况,同时为重大政策制定提供量化参考。在此背景下,及时开展《交通运输发展指数构建方法研究》课题,不仅有助于填补我国在该领域的空白,还能为交通运输主管部门全面、及时、准确地反映交通运输发展状况,对标发达国家交通运输发展阶段,发现交通运输发展的薄弱环节和突出问题提供有效支撑。

第二节　评价的必要性

交通运输作为国民经济发展的重要产业,其发展程度的不断提升对国民经济增长具有重要意义。交通运输是指在人们在生产、消费的过程中,借助于运输设施完成人和物位移的全过程。在生产过程中运输占有重要位置,也是社会生产及发展的重要环节。随着改革开放的不断深入,国家对交通运输业的重视程度不断提高,进而推动了交通运输业的高速发展。

作为社会经济中的一个重要的物质生产的部门,交通运输可以将我们在社会生产中生产、交换、分配及使用的每一个过程都有效结合起来,它使得社会经济的各种活动得以正常的生产及有效的运行。一个完善的交通运输体系对于我们在生产过程中,对资源分配及利用,对地区经济的开发都产生很重要的作用。经济发展所必要的条件是交通运输,通过交通运输可以使得资源流动起来,这样就可以利用这些资源去产生更高的经济效益,继而进一步带动经济的扩张,交通运输业的发展状态在很大程度上促进或制约了经济的发展。因此,进行交通运输发展指数构建方法研究,其必要性主要体现在以下几方面:

(1)交通运输发展指数是提高行业决策分析水平的重要依托。随着《国务院机构改革和职能转变方案》的审议通过,铁路政企分开,包含铁路、公路、水路、民航、邮政等多种运输方式的综合运输体系正式建立,交通运输行业迎来了新的发展机遇。而交通运输行业作为基础性、先导性、服务性行业,与宏观经济发展有着密切的联系,在新的大部制背景下,亟须一个能够全面、及时、准确地反映交通运输发展水平的综合性指标。指数是综合反映由多种因素组成的复杂现象在不同时间和空间条件下平均变动的相对数,交通运输发展指数能够综合反映行业各组成部分的变动和影响。因此,探索构建交通运输发展指数,对分析交通领域现状、提高行业决策分析水平有着至关重要的作用。

(2)交通运输发展指数是反映经济运行状态的有效途径。对于经济系统而言,交通运输把生产、流通和消费领域联系起来,把企业与企业、城市与城市、产地与销地、农村与城市连接起来,从而有力保证了经济生活和工农业生产的正常运转。交通运输的效用是实现人与货物空间的位移,快速便捷的运输网络和低廉的运价可以消除已有的区域管理障碍,扩大企业生产和商业贸易活动发展的空间。由以上分析可知,交通运输与经济发展有着密切的联系,如果交通运输业的发展速度跟不上经济发展的步伐,那么它就会以阻碍经济发展的消极方式来显示它在经济发展中的作用。研究构建交通运输发展指数的方法,进而研究编制交通运输发展指数,能为行业管理部门掌握交通运输发展水平、分析经济发展走势提供有效支撑。

(3)交通运输发展指数是主管部门实施供给侧结构性改革,强化宏观调控的必要手段。推进供给侧结构性改革,是适应和引领经济发展新常态的重大创新,是新形势下国家宏观调控重点由需求侧向供给侧的重大转变,也是交通运输转型升级、提质增效的必由之路,对未来我国交通运输发展提出了新的更高要求,也提供了新的机遇和动力。近年来,交通运输行业积极拓展服务领域、延伸服务链条,在扩大交通运输有效供给方面取得了显著成效。但目前用于总结及反映交通运输发展成果的时候仍使用各类统计指标的绝对量及同比增速去刻画和描述,缺乏一个综合性的指标去反映交通运输的发展成就。研究构建交通运输发展指数的方法,进而编制交通运输发展指数,能够较为客观且全面反映交通运输发展水平及发展阶段的重要依据,是管理部门对交通运输行业进行宏观调控的重要抓手。

(4)交通运输发展指数是提高交通信息资源利用效率的必然需要。交通运输发展指数的构建将综合运输体系下庞大的交通系统状况简化成了一个相对数，通过这个指数不仅可以掌握综合交通总体上的发展水平和变化趋势，还可以为行业管理部门在开展决策分析相关工作时提供定量化的结论支撑。随着交通信息化的发展，大量的交通信息资源为交通管理部门所掌握，但目前管理部门对大量交通信息资源使用的方式上仍主要采用同比、环比等方法，对获取的交通信息资源缺乏综合有效利用，这种数据处理方式造成了巨大的资源浪费。对交通运输发展指数构建方法的研究，旨在对这些现有的交通信息资源进行最大程度的综合利用，试图用一个简单明了的“数”来体现综合的交通信息。

第三节　研究内容及思路

本书的研究目标是基于已有交通类指数编制现状以及对常用的综合评价方法、指数编制方法的梳理及分析，建立交通运输发展水平评价指标体系，确定交通运输发展指数编制方法。

主要内容包括：

(1)国内外交通指数已有研究成果的借鉴。通过查阅相关资料，针对国内一些学者、研究机构以及欧美等发达国家及地区对于交通指数编制研究的情况，选取一些具有代表性的交通指数，从指数编制的背景、编制意义、指标体系的搭建、指数构建模型及指数编制用途等方面进行深入分析，总结国内外已有交通指数编制的先进做法，为我国交通运输指数的构建提供经验借鉴。

(2)交通运输发展水平的评价方法研究。了解综合评价的概念及重要性，梳理综合评价方法的分类，从基本内涵、特点、适用性、各方法的比较以及常用方法的计算实现过程等方面全面掌握几种常用的评价方法，为下一步评价及计算交通运输发展水平评价指标体系中各指标的重要度做好理论铺垫。

(3)交通运输发展的评价指标选取及数据预处理。分析交通运输发展水平评价指标的选取原则；在考虑所选取的评价指标既能反映交通运输发展实际水平又获取方便的基础上，参阅相关文献并参考国家的相关战略目标，研究构建交通运输发展的评价指标体系并对评价指标进行说明；梳理常用的数据无量纲化和标准化处理方法，为评价指标的无量纲化、标准化处理及交通运输发展指数的测算做好方法储备。

(4)交通运输发展指数编制方法研究。梳理指数编制的常用模型，了解和掌握指数常用模型的计算过程，选取适合的模型对交通运输发展指数进行编制；在总结和掌握指数编制的一般过程的基础上，最终确定交通运输发展指数编制的具体流程及各环节具体使用的方法。

(5)交通运输发展指数的计算。基于确定的评价指标、权重计算方法、指标预处理方法及指数计算模型，从已有的统计数据中选取一段时期内相应指标的年度统计数据进行实例测算，并在试算和推演中进行指数的完善。

第三章 统计指数构建研究现状

在交通指数研究方面，国外大多研究的是交通服务指数以及交通运输价格指数。在20世纪，一些国家针对交通运输行业开发了一些指数用以监测瞬息万变的交通运输行业发展状况，如果按照应用的范围和实施过程进行细分，可以分为反映单一领域发展变化的指数，以个人经验为基础的指数和反映交通运输服务综合发展状态的综合指数。反映单一领域发展变化的指数有欧洲国际航运指数（BFI），美国和欧洲的航空票价指数，道路堵塞指数等；交通服务业满意度指数有美国全国顾客满意度指数（ACSI）；典型的兼顾客与货运的综合性指数有美国国家交通服务指数（TSI），这是由美国政府开发、反映美国交通服务情况的月度指数。

在交通运输领域，国内的一些专家学者及研究机构在指数编制方面也做了许多有益的尝试。比较有代表性的有中国物流与采购联合会于2013年3月5日正式对外发布的中国物流业景气指数（LPI）；交通运输部科学研究院通过借鉴国内外相关技术编制的可以反映我国交通运输行业总体运行状况的中国运输服务指数；北京交通发展研究中心和北京交通大学共同对城市交通拥堵评价开展了系统研究，通过主成分分析和层次分析法，建立了一套城市交通拥堵评价指标体系和评价方法，提出了国内大城市交通综合指数和交通出行指数的概念和模型。

第一节 国外统计指数构建现状

一、美国运输服务指数

为剖析交通运输行业和经济发展之间的联系，美国运输统计局（BTS）开发了一项能反映客货运输生产情况和经济之间联系的指数——运输服务指数(TSI)。这一指数能够指示 GDP 增长的周期,从而预警经济衰退和增长。

TSI 以交通运输行业月度营业性运输量数据为主要指标,涵盖铁路、公路、水路、航空、城市公交、管道运输 6 个运输子行业,并细分货运指数和客运指数。货运 TSI 涉及营业性卡车运输、铁路货运服务、内陆水运、管道运输和航空货运 5 种运输方式,不包括国际、沿海水路运输,也不包括私人卡车运输和美国邮电业的快递服务。客运 TSI 涉及本地公交客运、城际铁路客运和航空客运 3 种运输方式,不包括城际公交、观光旅游、客运轮渡、出租客运、私家车、自行车和其他非机动运输方式。综合 TSI 是反映客货运输水平的综合性指数。

TSI 是美国国内各种营业性运输服务加权后的组合。BTS 首先把实际运输量作为不同运输服务方式的衡量标准,数据采集后,需经过预处理、季节调整、指数化、加权和合成 5 个步骤进行加工,最终形成月度指数。

(1)数据采集。BTS 从政府机关或者私人机构获取各种运输方式的月度数据,数据主要来源于美国货车运输协会、美国铁路协会、联邦铁路协会、美国陆军工程兵团、美国能源信息管理局、美国公共运输协会等。

(2)数据预处理。2003 年 9 月之前,一些数据序列并不完整,BTS 采用自回归移动平均数法预测缺失的一到两个月的数据。2003 年 9 月以后,数据序列的完整性大大提高,预测缺失数据的需求响应减少。

(3)季节性调整。交通运输业的季节性波动非常显著,该波动往往遮盖或混淆运输业发展中一些其他的客观变化规律,因此在进行具体运输量分析时,BTS 采用 X-12-ARIMA 法将季节要素从原序列中剔除,以去掉季节波动的影响。

(4)指数化。季节性调整后,采用链式指数法将不同运输方式的数据转化为指数,该方法以 2000 年作为基期,将全年 12 个月的平均值设为 100,然后把待计算年份某一月的数据与基期的全年平均水平做比得出指数,公式见式(3-1)。

$$I_t = \frac{q_t}{q_0} \tag{3-1}$$

式中:q_t——报告期运输量;

q_0——基期运输量。

(5)加权与合成。将各种运输方式的运输量指数以加权的方式整合起来,生成综合性运输指数。整合时使用的权重是根据每种运输方式占经济价值的比例来计算。为了反映运输方式的实际经济价值,并测量其经济重要性,BTS 采用附加值作为衡量标准,附加值数据是以年度为基准的,由美国经济分析局提供。加权后的各运输方式指数合成公式见式(3-2)。

$$I_t = \frac{\sum I_t U_t}{\sum U_t} \tag{3-2}$$

式中:I_t——t 时期某运输方式的运输量指数;

U_t——调整后的附加值,作为权重。

美国运输部从 2004 年 3 月开始每月定期公布“运输服务指数”,数据基本上滞后 2 个月。运输统计局网站上面提供了 TSI 的数据来源、TSI 的历史数据,并且介绍了有关 TSI 的最新研究情况。

基于 TSI 指数,一方面能够有效反映各种运输方式的综合发展变化,方便行业主管部门和宏观决策部门直观、全面地把握交通运输行业运行态势,同时也便于社会公众及时了解行业总体运行情况。另一方面,交通运输行业作为经济生产和社会生活的中间环节,为其他经济活动提供运输支撑。因此,衡量运输服务的指标与衡量经济活动的指标存在着一定的相关性,一定程度上也能与宏观经济的周期变动相对应。

二、波罗的海干散货运价指数

波罗的海干散货运价指数由波罗的海航运交易所创立和发布。波罗的海航交所是世界第一个也是历史最悠久的航运市场。1744 年诞生于美国弗吉尼亚波罗的海咖啡屋,目前是设在英国伦敦的世界著名的航运交易所,全球 46 个国家的 656 家公司都是波罗的海航交所的会员。为了满足客户的需要,波罗的海航交所于 1985 年开始发布日运价指数(BFI),该指数是由若干条传统的干散货船航线的运价,按照各自在航运市场上的重要程度和所占比重构成的综合性指数。

为满足市场多元化的需求,航线经过数次调整,增设了单独的航次期租航线,在1999年的9月1日,波罗的海交易所将BFI分解成BPI和BCI,这样与(BHMI)共同组成三大船型运价指数。其中,BCI是海峡型船舶指数的简称,全称为Baltic Capesize Index,泛指船舶载重吨在11万吨以上的干散货船舶,其主要货物类型单一,以煤炭,铁矿为主;BPI是巴拿马型船舶指数的简称,全称为Baltic Panamax Index,泛指船舶载重吨在6.5万吨到11万吨的干散货船舶,其主要货物有粮食,煤炭,铝矾土等;BHMI是轻灵便型船舶指数的简称,全称为Baltic Handymax Index,泛指船舶载重吨在2万吨到6.5万吨的干散货船舶,其主要货物有煤炭,铁矿,化肥,木薯片,镍矿,水泥,钢材,设备等。

1999年11月1日,BFI指数被BDI指数代替,并随着更新一代船型的发展,BSI和BSHI取代了BHMI加入BDI的计算。BSI是大灵便型船舶指数的简称,全称为Baltic Supramax Index,泛指船舶载重吨在5万到6.5万吨之间的干散货船舶,其主要货物有煤炭,镍矿,钢材,水泥,铁矿石等。BHSI是灵便型船指数的简称,全称为Baltic Handysize Index,泛指船舶载重吨在2万到5万吨之间的干散货船舶,其主要货物有铁矿石、化肥、钢材、废钢、水泥、黄沙、塑料粒子等。

指数浮动法是BDI的计算方法,波罗的海交易所通过指定的经纪人收集每天市场上的成交价格,在不同航线上,取典型成交的运费或租金做样本,不同航线的指数是通过将具体航线平均运价和平均日租金乘以权重系数得出的,每天BDI就是将这些不同航线的指数加总得到的,具体计算公式见式(3-3)。

$$\mathrm{BDI} = \sum_{i=1}^{n} P_i C_i \tag{3-3}$$

式中:n——样本航线数量;

i——第i条样本航线;

P_i——i样本航线上的平均运价或日平均租金;

C_i——第i条样本航线的权重系数。

2009年7月1日,为了更方便计算航运指数衍生产品服务,平均租金被选为BDI的计算标准,虽然平均运费也会出现在个别航线中,但BDI和各子指数的计算以平均租金为样本。当时,4种船型(BCI,BPI,BSI,BHSI)各占BDI的25%。

之后，随着航线的发展，又经过几次修改，到2017年8月6日为止，其最新的具体计算公式为：BDI＝（BCI平均期租租金＋BPI平均期租租金＋BSI平均期租租金＋BHSI平均期租租金）/4×0.10907849。其中，0.10907849是相对于指数创建时1000点换算出来的固定转换系数。

BDI是目前世界上衡量国际海运情况的权威指数，是反映国际间贸易情况的领先指数，能够客观反映干散货航运的市场行情，是研究干散货航运市场的重要依据和对象，是资本市场的决策者在做投资判断时一项重要的参考指标。如果该指数出现显著的上扬，说明各国经济情况良好，国际间的贸易火热。反之，亦然。其功能主要体现在以下三个方面：

（1）BDI能够非常直接地衡量船舶运输需求与供应的关系。船舶的供给通常缺乏弹性，建造一艘新船通常需要两年时间，且建造成本很高，船东不可能用空置船舶的方法去减少运力。因此，需求的边际增长可以推动BDI快速上升，边际需求下降可能导致BDI快速下降。船队供应或货物需求只需要微小的变化就会引起BDI发生巨大的变化。

（2）BDI的变化可以使投资者了解全球经济趋势。国际干散货运输的货物是原材料，这部分货物的投机成分比较小，所以BDI具有前瞻性，可以清楚地了解全球对商品和原材料的需求。当生产者想开始建造更多的基础设施时，他们就会购买原材料（BDI上升），当生产者停止购买原材料，说明当他们有过多的库存，或他们停止了基础项目的建设（BDI下降），这可以帮助投资者对未来的经济风向做出判断。通常当全球经济增长时，对商品和原材料的需求增加，对投资者来说，这意味着股票价格，商品价格和基于商品的货币的价值应该增加。相反，当全球经济停滞或收缩时，对商品和原材料的需求减少，对投资者来说，这意味着股票价格，商品价格和基于商品的货币的价值应该下降。

（3）BDI是一个难以操纵的实时指数。其他的一些经济指标，如失业率，通货膨胀指数和石油价格等，其变化可能很难解释，因为它们可能受政府，投机者和其他主要参与者的操纵或影响。但BDI与其他的经济指数不同之处在于它不做为重要政治和经济决策的基础，不容易被人为地调整和修正，而且，与股票和债券也不同,除非是有货物运输流动的真实需要,人们通常不会去购买运费。所以,BDI 不存在投机的成分,是完全由供需力量驱动来决定的。

三、顾客满意度指数

重视社会公众评议是当代世界政府部门绩效评估的发展方向,无论是在新公共管理理论中将公众视为"顾客",还是新公共服务理论中关注的公共利益,都可以看到,当今各国政府部门都主张公众积极参与公共服务过程。

顾客满意度指数正是一种新型的以顾客为基础,用来评价并改善组织绩效的一种测量体系。1989 年,瑞典统计局首次应用弗奈尔博士的模型和计算方法,设计了"瑞典顾客满意度晴雨指数表"(Swedes Customer Satisfaction Barometer 简称 SCSB)。该指数覆盖了瑞典 31 个行业 100 多家公司,是第一个全国性的顾客满意度指数模型。该模型以顾客满意为核心,以顾客期望和感知绩效为前置因素,以顾客抱怨和顾客忠诚为顾客满意的后向结果,当顾客对某一组织提供的产品或服务不满意时,往往会向组织表达自己的抱怨,顾客满意的提高会直接减少顾客抱怨,而作为模型的最终变量的顾客忠诚,宽泛的定义为顾客重复购买某一特定产品或服务的心理趋势,从顾客抱怨到顾客忠诚的方向和大小,可表明组织的顾客抱怨处理系统的工作成果。

美国顾客满意度指数模型是美国密歇根大学弗奈尔教授于 1994 年建立的,美国顾客满意度指数模型是在 SCSB 基础之上发展而来的。其他国家的顾客满意度指数模型大多都参考了美国顾客满意度指数模型的结构体系。相比之下,美国顾客满意度指数模型无论是结构体系设置方面,还是在实际应用方面是最为系统和成功的模型。

(1)模型的建立。美国顾客满意度指数是测量顾客满意程度的经济指标,美国顾客满意度指数模型是一个结构方程组模型,最初用于评价企业提供产品和服务质量。美国顾客满意度指数模型中,总体满意度被置于一个相互关联的因果系统中。顾客总体满意度是最终所求的目标变量;顾客期望、感知质量、感知价值是顾客满意度的原因变量;而顾客抱怨和顾客忠诚是顾客满意度的结果变量。模型中变量的选择是以顾客行为理论为基础的。美国顾客满意度(ACSI)模型如图 3-1 所示。

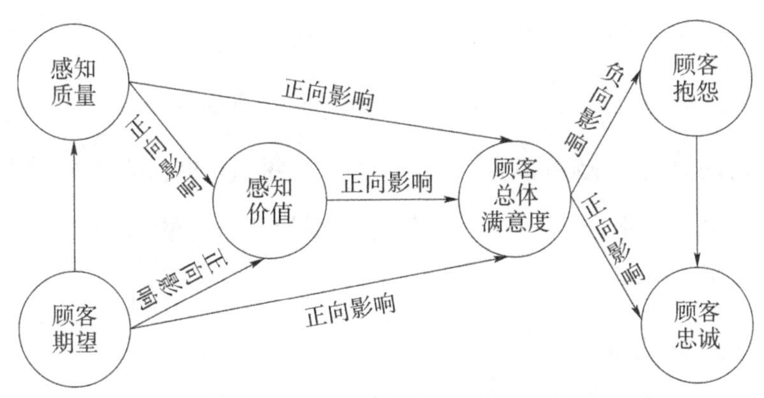

图 3-1　美国顾客满意度(ACSI)模型

(2)数据的收集。为了得到一个全国性的顾客满意度指数,ACSI 覆盖了公共事业、制造业、运输与仓储、公共行政管理等 11 个领域。在各领域中,根据各行业对国民生产总值贡献的大小来选择主要行业。在每个行业中,根据总体销售情况,选择几个有代表性的行业。最后,在每个选定的行业中,选择一些销售额在该行业中所占比重较大的企业作为调查对象,这些企业很好地代表该行业的主要销售情况。美国顾客满意度指数是基于对每年大约 65000 个消费者的电话访谈获取的基础数据进行计算的结果,这些消费者的满意度是在企业层面上的。对于每个企业,选取了大约 250 个现有消费者进行调查,调查通过电话访谈进行。由于 ACSI 模型中顾客期望、感知质量、顾客满意度、顾客抱怨和顾客忠诚都不能够直接测量,因此作为潜变量,模型需要从顾客调查中获得有关 15 个变量的数据,完成对顾客满意度情况的测评。

(3)ACSI 的计算。为减少极度偏移而产生的统计误差,ACSI 采用 10 分制使被调查对象能够更好地对指标进行区分,使用多重指标测量也能够减少偏度。模型使用偏最小二乘法估计测量变量的权重,并使它们对顾客忠诚度的解释能力最大化。估计出的权重用于构建 ACSI 指数值。

ACSI 的公式见式(3-4)。

$$\mathrm{ACSI}=\frac{E[\xi]-\mathrm{MIN}[\xi]}{\mathrm{MAX}[\xi]-\mathrm{MIN}[\xi]}\times 100 \tag{3-4}$$

式中：　　　　　　　　ξ——是顾客满意度的潜变量；

$E[\xi]$,MIN$[\xi]$和 MAX$[\xi]$——分别代表变量的期望值,最小值和最大值。

变量的最小值和最大值由相应的测量变量值决定,即

$$\min[\xi] = \sum_{i=1}^{n}\omega_i \min[X_i], \max[\xi] = \sum_{i=1}^{n}\omega_i \max[X_i]$$

式中:X_i——是潜在总体顾客满意度的 3 个测量变量(即总体顾客满意度、与期望产品(服务)的差距以及与理想产品(服务)的差距);

w_i——是相应的权重;

n——是测量变量的个数。

ACSI 体现了测评和强化现代企业和现代经济绩效的一种新方法。传统指标如生产力和价格指数只把质量看作随机影响,而 ACSI 完善了经济测评体系的这一不足。

第二节　国内统计指数构建现状

一、中国物流业景气指数

为了贯彻落实国务院《物流业调整与振兴规划》的具体措施,在国家发展改革委、国家统计局的支持下,中国物流与采购联合会于 2010 年完成了《中国物流业景气指数编制与研究》课题报告,于 2013 年 3 月 5 日正式对外发布了中国物流业景气指数(英文缩写为 LPI)。中国物流业景气指数在广泛调查研究、吸收并借鉴国内外相关经验的基础上,结合我国国情,建立了物流业景气指数指标体系,以科学地反映物流业的景气变化,对物流业发展和未来变化趋势进行总体的定量判断、动态监测和分析预警,从而推动我国物流统计工作的进一步发展,更好地适应我国现代物流业与国际接轨的需要。

中国物流业景气指数调查范围涉及《国民经济行业分类》(GB/T 4754—2011)中物流相关行业的 8 行业大类,抽取 300 余家企业进行调查。调查采用 PPS(Probability Proportional to Size)抽样方法,按照各物流行业对物流业主营业

务收入的贡献度,确定各行业的样本数。在此基础上,兼顾样本的区域分布、企业类型分布、规模分布。调查由中国物流与采购联合会具体组织实施,利用统计联网直报系统对企业物流业务经理进行月度问卷调查。

物流业景气指数调查问卷涉及业务总量、新订单、库存周转次数、设备利用率、从业人员、平均库存量、资金周转率、主营业务成本、主营业务利润、物流服务价格、固定资产投资完成额、业务活动预期等12个问题。对每个问题分别计算扩散指数,即正向回答的企业个数百分比加上回答不变的百分比的一半。

中国物流业景气指数体系主要由业务总量、新订单、从业人员、库存周转次数、设备利用率、平均库存量、资金周转率、主营业务成本、主营业务利润、物流服务价格、固定资产投资完成额、业务活动预期12个分项指数和一个合成指数构成。其中合成指数由业务总量、新订单、从业人员、库存周转次数、设备利用率5项指数加权合成,称为中国物流业景气指数。该指数以50%作为经济强弱的分界点,高于50%时,反映物流业经济扩张;低于50%时,则反映物流业经济收缩。

从运行情况看,中国物流业景气指数基本反映了我国物流业发展运行的总体情况,与货运量、快递业务量、港口货物吞吐量等物流相关指标,以及工业生产、进出口贸易、固定资产投资、货币投放等相关经济指标具有较高的关联性。中国物流业景气指数调查丰富了我国物流统计指标体系,有效弥补了现行物流统计的不足,增加了观察、预测、分析我国物流行业运行发展趋势的新视角,为进一步加强物流运行与国民经济的关联度研究奠定了基础,为指导企业生产经营与投资等活动提供了依据。

二、中国运输服务指数

考虑到我国交通运输行业一直缺乏能够综合衡量各种运输方式总体运行状况指数的现状,交通运输部科学研究院借鉴国内外技术,开展了中国运输服务指数编制工作并进行了指数的试算。

中国运输服务指数(China Transportation Services Index,简称CTSI)是从综合

交通角度出发,以各种运输方式客货运量为基础指标,经过季节调整、无量纲化、权重设置、合成指数等处理环节,加权合成后用来反映我国交通运输行业总体运行状况的行业指数。该指数由综合指数以及货运指数、客运指数两个分项指数构成。指数频度的选取上,由于季度数据会平滑数据波动,掩盖数据变动背后的重要信息,且无法满足时效性需求,因此中国运输服务指数确定指标数据的频度为月度,以 2000 年 1 月—2013 年 5 月为时间区间。

(1)评价指标构建。使用运量指标,经过反复筛选检验,按照货运、客运划分,选取铁路货物发送量、公路货运量、港口货物吞吐量、民航货邮运输量、快递业务量等 5 个货运指标以及铁路旅客发送量、公路客运量、水路客运量、民航旅客运输量等 4 个客运指标。

(2)季节因素调整。综合考虑固定节假日、移动假日尤其是春节因素的影响,CTSI 通过在程序中加入自定义的春节因素回归变量进行季节调整处理,剔除季节因素影响。

(3)数据无量纲化处理。CTSI 以 2010 年各月的均值为基期,采用指数化方法,对各项指标分别进行无量纲化处理,见公式(3-5)。

$$I_{i,t}=\frac{Q_{i,t}}{Q_{i,0}}\qquad(i=1,2,\cdots)\tag{3-5}$$

式中:$Q_{i,t}$——表示指标 i 在 t 时期的运输量;

$Q_{i,0}$——表示指标 i 在基期(2010 年)的运输量。

(4)权重设置。CTSI 在计算权重时,基期权重为 2002 年各运输方式的增加值占比,当期权重为各运输方式的经验增加值占比,其中经验增加值占比采用调查问卷的形式获取。调查问卷共涉及交通运输部、国家铁路局、国家邮政局、国家发展改革委、国家统计局和 31 个省(区、市)交通运输厅等行业主管部门,交通运输部科学研究院、规划研究院、水运科学研究院和铁道部经济规划研究院、国家发改委综合运输研究所、中国物流与采购联合会等行业科研单位。

(5)指数合成。CTSI 采用 Fisher-ideal 方法作为指数的合成方法,公式见(3-6)。

$$\mathrm{CTS\ I}_{Ft} = \sqrt{\frac{\sum_{i=1}^{5} Q_{i,t} \times P_{i,2002}}{\sum_{i=1}^{5} Q_{i,2002} \times P_{i,2002}} \times \frac{\sum_{i=1}^{5} Q_{i,t} \times P_{i,2013}}{\sum_{i=1}^{5} Q_{i,2002} \times P_{i,2013}}}$$

$$\mathrm{CTS\ I}_{Pt} = \sqrt{\frac{\sum_{i=1}^{4} Q_{i,t} \times P_{i,2002}}{\sum_{i=1}^{4} Q_{i,2002} \times P_{i,2002}} \times \frac{\sum_{i=1}^{4} Q_{i,t} \times P_{i,2013}}{\sum_{i=1}^{4} Q_{i,2002} \times P_{i,2013}}} \tag{3-6}$$

$$\mathrm{CTS\ I}_{t} = \sqrt{\frac{\sum_{i=1}^{9} Q_{i,t} \times P_{i,2002}}{\sum_{i=1}^{9} Q_{i,2002} \times P_{i,2002}} \times \frac{\sum_{i=1}^{9} Q_{i,t} \times P_{i,2013}}{\sum_{i=1}^{9} Q_{i,2002} \times P_{i,2013}}}$$

根据中国运输服务指数的运行情况及相关研究看，CTSI 指数与工业增加值之间存在较高的正相关性，同步性较好，与工业增加值之间的周期性变化趋势基本一致。此外，CTSI 指数的编制，不仅能够反映交通运输行业总体发展态势及变化趋势，而且在揭示宏观经济发展变化、拟合重大事件对宏观经济的影响等方面具有一定的预警效果。

三、中国绿色交通发展指数

绿色发展是当今世界关注的焦点问题，绿色化发展理念本质上反映了中国当今社会发展的内在要求，为化解人与自然和谐发展的突出问题提供现实手段，是统筹人与自然和谐发展的战略途径。对交通运输系统而言，绿色交通发展更是一个具有时代性、紧迫性和战略性的课题。未来一段时期，是中国从“交通大国”向“交通强国”迈进的重要时期，也是交通运输发展的“黄金期”，切实推动交通运输生态文明建设和绿色发展，形成节约资源和保护环境的交通运输总体布局、生产方式、运输结构尤为重要。

绿色交通发展指数是由多个单项反映绿色交通发展指标构成的综合指数，是对绿色交通发展程度的一种度量和监测，是以直观的量化数据反映绿色交通发展水平。通过分解绿色交通发展指数，可以诊断出绿色交通发展中的薄弱环节，为全面构建绿色交通运输体系提供理论支持，同时提升公众对绿色交通发展的参与度和认知度。绿色交通发展指标的编制流程如下：

(1)指标体系的构建。为适应生态文明建设新形势和新要求,充分体现构建绿色交通发展方式和生活方式,努力实现交通运输与自然生态和谐共存的发展目标,从行业绿色发展、公众绿色出行、政府绿色治理等三个维度构建“3—8—21”三级指标体系,如图3-2所示。

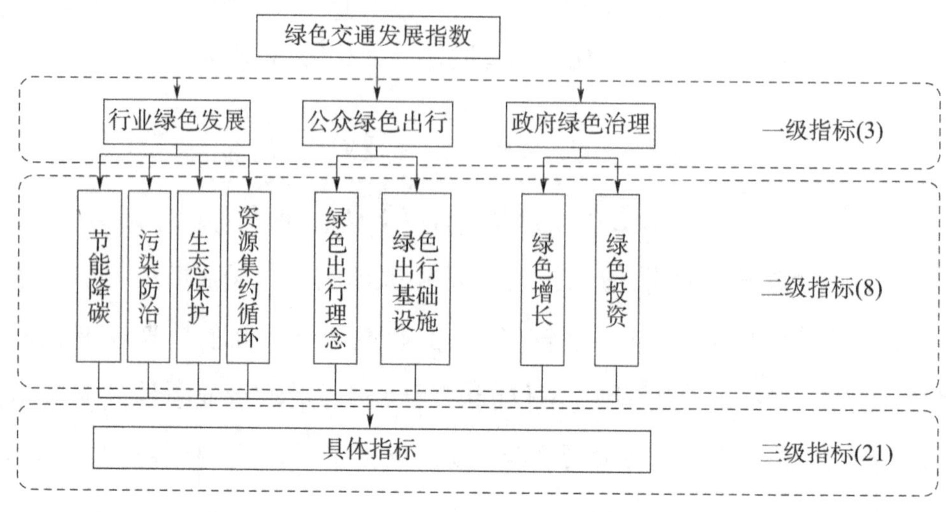

图3-2　绿色交通发展指数指标体系

(2)数据的标准化处理。为使绿色交通发展指数纵向可比,从一致性和可比性原则出发,采用定基极差法进行数据的标准化处理。以2013年初始年份为基期,其余各年相应的比照基年做调整处理。在运用“定基极差法”时,三级指标处理后的数值可能会大于1或小于0,如大于1,即意味着该地区在该年比2013年该指标表现最好的地区还要好;如小于0,即意味着比2013年该指标表现最差的地区还要差。为方便指标计算与结果统计,同时,为尽可能地避免0值的出现,将数据规范基本介于10～100之间。对于正向型指标,标准化公式为$Y_i=\frac{X_f-X_{i,\min}}{X_{i,\max}-X_{i,\min}}\times 90+10$,对于逆向型指标,标准化公式为$Y_i=\frac{X_{i,\max}-X_f}{X_{i,\max}-X_{i,\min}}\times 90+10$。其中$Y_i$为第$i$个指标的标准化值,$X_f$为该指标在某年的绿色交通发展指标值,$X_{i,\max}$为该指标在基年2013年所有地区绿色交通发展指标值中的最大值,$X_{i,\min}$为该指标基年2013年所有地区绿色交通发展指标值中的最小值。

(3)权重设置。经过征求政府管理人员和专家意见,针对各层级各领域现阶段的重要性和关注重点，合理设置权重，指标权重设置在3.3%～7%之间。

（4）指数测算。对个体指数进行加权，得出绿色交通发展指数。计算公式为：$Z=\sum_{i=1}^{n}Y_i\times W_i$，其中：$Z$为绿色交通发展指数，$Y_i$为第$i$个指标的标准值分类指数，$W_i$为第$i$个指数对应的权重。

绿色交通发展指数的编制和发布作为指导行业绿色交通发展的风向标，能反映出全国各地区绿色交通的发展水平、运行态势等，揭示各地区推进绿色交通发展过程中存在的问题，深刻了解我国绿色交通发展的基本情况，为科学引导各地区深入贯彻国家战略要求，更好的探索实践绿色交通发展提供决策支持。

四、中国快递发展指数

为贯彻落实十八届三中全会“健全宏观调控体系，提高科学管理的水平”的有关要求和2014年国务院常务会议提出的“快递业是现代服务业的关键产业，是推动流通方式转型、促进消费升级的现代产业，是物流领域的先导产业”的产业新定位要求，国家邮政局发展研究中心研究建立了中国快递发展指数指标体系，并据此对我国快递发展状况进行了测算，以全面反映行业发展水平，体现行业运行变化，昭示行业未来发展态势。

中国快递发展指数（China Express Development Index，简称CEDI）是基于中国快递发展的基本特征、规律，对一定时期中国快递发展程度的量化评价，以2010年为基期，每五年进行一次基期轮换，基期指数设定为100。中国快递发展指数指标体系包括发展规模、服务质量、发展能力和发展趋势4个一级指标和11个二级指标。其中，发展规模指数包括业务量和业务收入2个二级指标，服务质量指数包括公众满意度、72小时准时率和用户申诉率3个二级指标，发展能力指数包括快递深度、网点密度、劳动生产率和支撑网络零售额等4个二级指标，发展趋势指数包括业务增长预期和快递资本市场预期2个二级指标。

中国快递发展指数评价采用指数评价方法，自2016年四季度开始以2015年一季度为新一轮对比基期，基期值设定为100。评价指标数据源自31个省（区、市）邮政管理部门及国家统计局，通过征求邮政局内各司局、指数单位及10多位权重专家意见确定各指标权重值,利用标准化法实现数据的无量纲化,通过加权合成中国快递发展指数。中国快递发展指数(CEDI)是基于中国快递发展的基本特征、规律,对一定时期中国快递发展程度进行综合量化的评价,现已成为对经济形势进行预测的重要应用工具。

第三节 经验启示

(1)加大政府协调支持力度,畅通数据获取渠道。为编制一个能综合反映某一事物发展水平及变化趋势的指数,所需的基础数据种类繁多,数据来源往往涉及多个管理部门、行业协会及相关企业,以美国为代表的发达国家高度重视指数的编制工作,积极协调有关部门获取相关数据,支持有关研究机构的数据需求。2002年,在美国运输统计局财政拨款的支持下,Lahiri 和 Stekler 学术团队设计出衡量运输经济活动的运输服务产出指数(TSOI)。该指数刻画出运输服务于经济周期之间的波动关系。由于运输服务指数所需货运吨位、货物周转量、轨道车及多式联运货运量等基础数据涉及美国货车协会、美国铁路协会、联邦铁路管理局及美国陆军工程兵团等多个部门,单凭学术团队自身无法协调获取数据,为进一步支持该团队对于运输服务指数的研究工作,美国运输统计局积极协调相关单位,为学术团队研究所需数据问题铺平了道路。

(2)合理选取样本数据,保障指数测算结果代表性强。综合指数通常是通过若干指标或者样本数据计算的个体指数进行合成而得出的,样本数据选取的合理与否是综合指数计算结果是否能反映实际情况的关键所在。在 BDI 指数编制的过程中,其在航线选择上,要求航线地理分布平衡,选取的航线既反映大西洋贸易又反映太平洋贸易,还反映各大洋间的贸易。用于计算指数的航线上既要有一定的成交额,也要有合理数据的精确成交报告。为使测算结果能够代表国家整体的经济状况,在测算 ACSI 时,根据各行业对国民生产总值贡献的大小来选择主要行业,在选定的行业中再根据销售额在该行业中所占比重较大的企业作为调查对象。因此,无论是在编制 BDI 指数还是 ACSI 指数时,对样本数据或者调查对象的选择均将其是否能覆盖研究对象的主要方面作为选取的重要依据。

(3)科学确定权重计算方法,保障指数计算结果科学合理。权重是以某种数量形式表征所选取的指标对被研究对象的相对重要程度。权重计算的合理与否对于指数的测算结果是否科学具有重要的意义,不同的权重系数,会导致截然不同的指数测算结果。为了反映每种运输方式的实际经济价值,避免重复计算并测量其经济重要性,美国运输统计局在编制运输服务指数中使用每种运输方式占经济价值的比例而不是总收入作为计算权重的依据。考虑到交通行业对于经济的贡献是通过计算货物运送前后的价值之差得出,在计算中国运输服务指数的过程中,交通运输部科学研究院利用各运输方式的工业增加值占比而非总产出来计算基期权重值。此外,考虑到数据的可获得性,通过调查问卷的形式,充分听取行业内专家的经验,得出当期各种运输方式的权重值。

(4)慎重选择指数合成方法,使指数合成结果纵向可比。当前,指数计算方法种类繁多,常见的有加权算术平均指数合成方法、加权几何平均合成方法、拉式指数(权重定在基期)和派式指数(权重定在报告期)。每种指数合成方法均有其优缺点,因此需要根据被评价事物的特点,对指数合成的数学性质和特点进行分析,再选取合适的指数合成方法进行指数的测算,才能得出反映实际情况的指数测算结果。考虑到拉式指数无法反映数量结构的变动,派式指数不能消除权数变动对指数的影响,不同时期的指数缺乏可比性而 Fisher-ideal 方法集成了拉式指数和派式指数的优点,能同时反映价格和数量及其结构的变化,并能通过时间颠倒测验、因子颠倒测验和循环测验,在编制中国运输服务指数时,研究人员采用 Fisher-ideal 方法进行编制。因此,在合成指数的过程中,需要结合评价对象的特点及常用指数合成方法的优点,合理选取指数计算方法进行测算,否则可能会由于公式选取不当而得出与实际情况相背离的研究结论。

第四章 评价指标体系构建研究

交通运输发展指数指标体系的构建过程是一个逐步深化和完善的过程,应按照理论研究、指标体系的初选和指标体系的优化3个步骤来实现指标体系的整个构建过程。本研究首先从交通运输的基本属性、交通运输发展内涵及交通运输系统构成3个方面为切入点研究交通运输发展的实质,进而对交通运输发展评价指标体系构建进行需求分析,在此基础上,按照梳理的指标体系的构建原则和方法,初步构建指标体系。初步构建指标体系之后,还需要对初选的结果进行筛选,去掉一些相关性比较高的指标,对初步构建的指标体系进行优化,总结归纳出交通运输发展水平评价指标体系。评价指标体系构建的思路图,如图4-1所示。

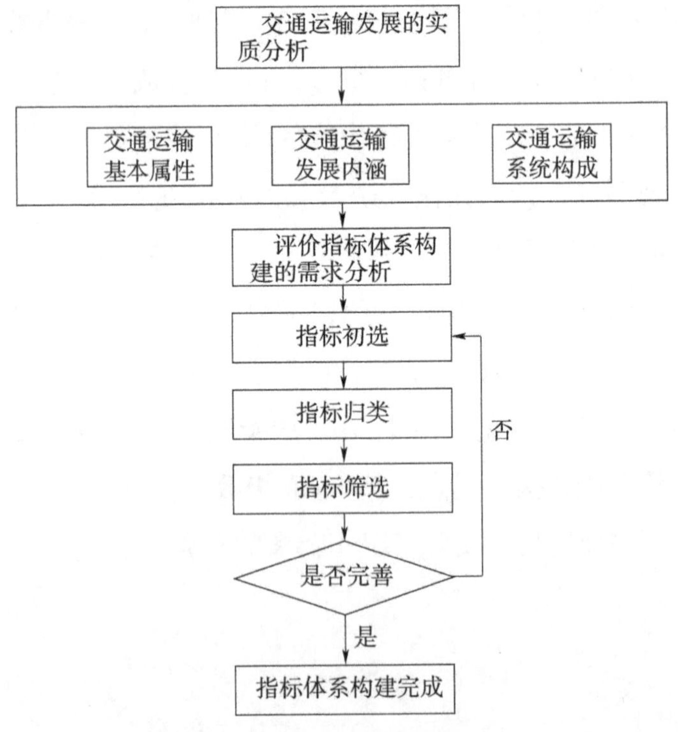

图4-1 评价指标体系构建思路图

第一节 交通运输发展的实质分析

一、交通运输的基本属性

交通运输的基本属性揭示的是交通运输作为一种经济活动参与社会经济运行而具有的性质和特点。它主要包括3个方面:生产属性、产业属性和社会属性。

(1)生产属性。马克思指出,除了开采业、农业和加工制造业,还有第4个物质生产部门,这就是运输业。物质生产的本质是使劳动对象发生某种物质变化。劳动首先是人和自然之间的过程,是人以自身的活动来引起、调整和控制人和自然之间的物质变换的过程,劳动作为人类有目的的活动必须以同自然界的相互作用为前提,区分物质生产与非物质生产的标准只能是劳动的内容、劳动产品的性质,其中,使劳动对象发生任何形式的物质变化是物质生产的充要条件。物质生产的内容包括物质的空间位置变化。物质生产的内容实质上就是劳动在劳动对象中物质化的具体形式。在哲学范畴内,空间位置的变化是物质运动的基本形式,同物理的、化学的、生物的运动一样,都是物质变化的具体内容。由于运输劳动能使运输对象发生一种空间位置的变化,因而属于物质生产的范畴。

衣食住行反映的是人类的基本需求,而出行的满足是由交通运输来完成的。交通运输提供的是人和货物的空间位移服务,因此提供这种服务是交通运输的生产属性。它反映的是交通运输这种经济活动出现的目的,因而也构成了交通运输最为基础的属性。交通运输生产的产品不像工农业生产是有形的产品,它不改变劳动对象物理的、化学的或生物属性,他只改变对象的空间位置。交通运输虽然创造了新价值,但这部分新价值不是通过使用价值去体现,而是追加到对象原有的使用价值中去,使劳动对象的交换价值增加了。

(2)产业属性。作为第三产业的交通运输,其劳动与第一、二产业劳动不同,表现出服务性的特点。这种“服务”是指以劳务活动形式而非实物形式提供某种使用价值以满足人们需要的经济活动过程。交通运输者所提供的劳动不是制造物质产品,而是通过提供服务直接地去满足人们某种需要。这种服务同样是使用价值和价值的统一体。交通运输的位移服务就是商品。运输产品的使用价值能够满足人们的空间位移需要的,其价值也由提供服务产品所需要的社会平均必要劳动时间所决定。

在一般情况下,运输服务与消费这种服务产品的过程共同开始也共同结束,运输服务所创造的特殊使用价值和价值,也在消费过程中同时表现出来。运输过程是生产过程和消费过程同时进行的,运输生产过程对于运输供给者它是生产过程,对于运输需求者它是消费过程。

(3)社会属性。交通基础设施最初是由国家征税修建的,虽然现在的资金来源较以前更加多元化,但由国家投资依然为主要资金来源。交通基础设施受益者为公众,贡献者为政府,故运输基础设施是为全社会使用及拥有的社会公益性产品。虽然现阶段运输业在其发展中加入了更多市场化元素,但运输业所提供的服务始终是社会各种生产活动得以顺利开展的基础,交通基础设施的社会公益性是不会改变的。

交通运输业不仅是国民经济发展的一般条件,而且还是社会制度、精神文明发展的一般条件。交通运输业建立的是物质在时空上的联系,这种联系越广泛、越密切,新制度的扩散、新文明的传播就越迅速,社会也就进步得越快。而且,在世界范围内,这种效果只是在更大的规模上表现为同一效果。

二、交通运输发展的内涵

交通运输发展的内涵要从交通运输生产力和交通运输生产关系两个角度去做深入研究。

(1)生产力。从生产力的角度来看,交通运输发展实质上就是交通运输生产力的发展,包括两方面内容。

一是交通运输生产规模的扩大,包括交通基础设施规模的增加、交通运输运载工具数量的提升等,在一定的时间内可以提供更多的客货运输服务,或者说提供一定数量的客货运输服务需要的时间更短。在这个意义上的交通运输生产力的发展,是初级阶段的发展,是为了解决交通供给严重不足问题,满足交通运输基本需求。这种规模型、外延式的发展取决于多方面的因素,主要包括资金的投入力度、土地资源的充足程度、生态环境的承载能力等。改革开放以来,我国交通运输发展基本属于这种外延式的发展,更多注重要素数量的驱动,实现交通运输供给能力的整体提升,这是由我国经济社会所处的发展阶段和采取的战略政策所决定的。

二是交通运输生产质效的提升,包括运输成本的降低、运输排放的降低、运输安全性的提升等,也就是在现有交通运输生产规模的基础上,提供更加安全、便捷、经济、高效、绿色的客货运输服务。这个阶段的发展是在前期交通运输生产规模达到一定体量的前提下,交通运输基本公共服务需求基本得到满足,交通运输生产力发展更多体现为交通运输产品日益向多样化、复杂化、高级化方向发展,在更多方面和更高层次满足经济社会发展。“十二五”以来,交通运输发展逐渐向以整体质效提升为目标的内涵式发展方式转变,更加注重科技创新驱动、改革释放的活力以及全球视野带来的空间拓展,推动交通运输向高质量发展转变,为新时代经济社会发展提供更好的支撑。

(2)生产关系。从交通运输生产关系的角度来看,交通运输发展是在一定的社会条件下进行的,体现了不同社会的交通运输的发展规律,包括交通运输发展的目的、交通运输发展的机制等。

在交通运输发展的目的上,不同社会条件下,交通运输发展的目的截然不同,这是我国交通运输发展区别于西方交通运输发展的最本质特征。西方国家交通运输发展是为资本的逐利性而服务的,这就造成了在经济效益不好而人民又有交通运输需求的区域,西方国家往往不能提供有效的交通运输服务供给。我国交通运输发展的根本目的在于以人民为中心,因此我国交通运输发展一直致力于基本公共服务的均等化,使广大人民群众尤其是贫困落后地区的人民群众,享有均等化的出行服务。

在交通运输发展机制上,交通运输发展受到市场和政府的共同影响。市场对交通运输发展的调节体现在择优汰劣，激励创新，推动交通运输企业提供更优质的工程项目、运输服务、运载装备，例如我国高铁技术的发展，就是企业在激烈的竞争环境下，加强科技创新，不断提升核心竞争力，最终实现跨越式发展。政府对交通运输发展的调节体现在宏观资源的配置和战略方向的引导，使交通运输始终围绕根本目的发展，更加符合时代要求，克服了单纯依靠市场机制规律而可能造成的盲目性、滞后性、自发性的弊端，提升了资源的利用效率，共同推动交通运输可持续发展。

三、交通运输系统构成

系统是由若干个可以相互区别、相互联系而又相互作用的要素所组成，在一定的阶层结构形式中分布，在给定的环境约束下为达到整体的目的而存在的有机集合体。系统中各要素不是孤立地存在着，每个要素在系统中都处于一定的位置上，起着特定的作用。要素之间相互关联，构成了一个不可分割的整体。要素是整体中的要素，如果将要素从系统整体中隔离出来，它将失去要素的作用。

根据一般系统论的原理，对于交通运输系统而言，从发展的实践看，一般将交通运输系统分为交通运输网络与装备系统、运营与管理系统和运输服务系统三大系统。对于交通运输网络与装备系统，主要是由铁路、公路、水路、航空和管道等运输方式合理布局、连接贯通建立起来的综合交通网络和通达顺畅的运输枢纽并配备先进适用的技术装备；对于交通运营与管理系统，主要是对各种交通网络和运输生产过程进行统筹规划、协调发展、市场运作、政策调控、法规监管等；对于运输服务系统，主要是各种交通工具运行组成的运输全过程，承载各种运输方式横向合理分工和纵向有效联合。

第二节　交通运输发展评价指标体系构建的需求分析

一、是为全面建成小康社会提供运输服务支撑的需要

2020 年全面建成小康社会，是我国确定的“两个一百年”奋斗目标的第一个

百年奋斗目标，我国经济必须保持年均6.5%以上的中高速增长，经济稳增长任务繁重，交通运输仍需要继续发挥有效投资对冲经济下行压力的关键作用。满足国内消费新需求，推动第三产业发展，满足人民群众多样化的出行需求，需要提供大运量、高品质、差异化的运输服务。在这种情况下，交通运输的发展要突出抓重点、补短板、强弱项，着力服务好防范化解重大风险、精准脱贫、污染防治三大攻坚战，为如期全面建成小康社会提供有力支撑。

为决胜全面建成小康社会，全国交通运输工作会议提出了交通精准扶贫脱贫、综合交通基础设施联网提升、运输服务升级、推进绿色发展及强化安全发展等五个方面的重点工作，从而增加有效供给，提升服务水平，保障和改善民生，补齐短板，把有效支撑精准扶贫、精准脱贫放在突出位置，加强贫困地区基础设施通道建设，推进交通运输结构性节能减排，加强交通运输安全生产管理。因此，必须要结合建成小康社会对交通运输的需求，构建一套指标体系用于反映交通运输发展的状态，及时发现交通运输发展的不足，为全面建成小康社会提供可靠的交通运输服务保障。

二、是加强生态文明建设的需要

生态文明是在物质文明建设和精神文明建设取得一定成果的基础上出现的旨在改善人与自然关系的新概念。生态文明的主旨着眼于改善和促进人与自然之间的关系，形成人与自然和谐共生、可持续的良性循环，其落脚点在于建立一个促进人类社会全面发展、各项事业持续繁荣的文化伦理形态。当前，我国资源约束趋紧、环境污染严重、生态系统退化等形势严峻，资源能源、生态环境约束更为突出，推动形成绿色高效交通运输发展方式迫在眉睫。

为牢固树立创新、协调、绿色、开放、共享的发展理念，以供给侧结构性改革推动交通运输生态文明建设，将绿色发展理念融入交通运输发展的全过程和各方面，切实推进交通运输行业转型升级和提质增效，2017年4月，交通运输部印发了《关于推进交通运输生态文明建设实施方案的通知》。该通知明确了将优化交通运输结构、加强交通运输生态保护等作为未来几年重点的工作任务。因此，交通运输发展评价指标体系的提出，在一定程度上反映出交通运输绿色发展水平，为行业管理部门反映政策执行效果、进行相关的决策提供支撑。

三、是交通强国建设的客观需要

党的十九大提出，要深化供给侧结构性改革，加强铁路、公路、水运、航空、管道、信息、物流等基础设施网络建设。强化基础研究，实现前瞻性基础研究、引领性原创成果重大突破，为建设交通强国提供有力支撑。在 2018 年的全国交通运输工作会议上，交通强国的内涵被进一步的明确，即实现交通运输规模数量大、质量效率高、科技创新强、行业治理优、国际影响广，拥有更加安全便捷、经济高效、绿色智慧、开放融合的现代化综合交通运输体系，全面适应并引领经济社会发展。

要建设交通强国，就必须紧紧围绕建设现代化经济体系的要求，着力构建与交通强国相适应的框架体系，包括综合交通基础设施网络、运输装备、运输服务、创新发展、现代治理、开放合作、安全发展及支撑保障八大体系。交通运输发展评价指标体系的构建，将有助于行业管理部门科学认识交通运输发展的阶段及水平，有助于决策分析人员找出交通运输发展存在的问题和短板，为实现到 2035 年进入世界交通强国行列的目标提供极大的助力。

四、是实现交通运输自身可持续发展的需要

交通运输系统作为社会经济系统的一个子系统，同时也是人类赖以生存和发展的重要产业部门，它的发展是社会经济可持续发展的一个重要组成部分。综观交通运输与社会经济发展的历史关系，社会经济要实现可持续发展，如果没有一个相应的可持续的交通运输系统作为支撑，社会经济的可持续发展就无从谈起。当前，我国交通运输业的发展有诸多问题阻挠着交通运输可持续发展的步伐，比如交通运输区域发展不均衡，我国东部地区交通比较发达，而中西部地区特别是西部地区交通较为落后；在过去一个时期内，交通运输的快速增长是以较严重的资源破坏和环境污染为代价，且交通运输能源消耗仍处于一个较高水平。

我国交通运输的可持续发展,必须是交通运输系统自身的可持续发展与交通运输促进经济社会可持续发展的协同统一。一个可持续的交通运输系统是支持和促进区域和国家可持续发展的必要基础。从总体国民经济考虑,交通运输不仅要实现其系统运行的可持续性,还要在总体国民经济的框架中,推动总体经济发展的质量,包括促进区域均衡发展,减轻经济发展对资源环境的压力等。因此,通过构建交通运输发展评价指标体系,进而计算出交通运输发展指数,可以有效地反映出区域间交通运输发展水平及交通运输绿色发展程度,为行业管理部门制定政策、开展决策分析提供量化参考,助力交通运输可持续发展。

第三节　评价指标的初选

一、评价指标选取原则

要构建交通运输发展指数进而对交通运输发展水平进行综合评价,首先就要确定评价指标体系,这是构建交通运输发展指数的基础。合理的评价指标体系对于指数的计算结果是否能反映实际情况有着至关重要的影响,评价指标体系的优劣对“交通运输”这个评价对象有至关重要的作用。在进行指标体系的构建时,如果评价指标过多,彼此之间的相关性就会太大,评价结果的客观性就会受到干扰;评价指标过少,可能会导致所选的指标缺乏足够的代表性,导致评价结果太片面。因此,在构建评价指标体系时应遵循以下原则。

(1)科学性原则。交通运输发展水平的评价涉及整个交通运输系统的基础设施、运输装备、运输服务、绿色发展等方面,这就要求所选的指标能比较科学、精确、客观地反映整个交通运输系统在这些方面的表现。

(2)代表性原则。对交通运输发展水平的评价涉及交通运输系统的各个方面,不但和系统内部的各组成要素有关,同时还有一定的外部性,即关系到环境保护、资源开发等交通运输本身之外的因素。面对如此庞杂的系统,所设置的指标体系必须具有高度的概括性,所选择的指标能够较为系统、准确地反映交通运输系统的某个方面,要有较强的代表性。因在充分研究的基础上,选择能全面反映研究对象各个方面的指标。

(3)可行性原则。选取的指标应可行,符合客观实际水平,有稳定的数据来源,易于操作,也就是应具有可测性。评价指标含义要明确,数据要规范,口径要一致,资料收集要简便易行。对于统计数据收集困难的指标,应尽量选取其他指标来替代。

(4)可比性原则。交通运输业的发展是具有一定的客观规律的,这就要求在进行纵向和横向比较时必须考虑到历史统计资料的可得性。在此前提之下,所设置的指标应尽可能采用通用的名称、概念及测度方法,指标间也应具有明显的差异性。

(5)简约性原则。指标宜少不宜多,宜简不宜繁。评价指标并非多多益善,关键在于评价指标在评价过程中所起作用的大小。目的性是出发点,指标体系应涵盖为达到评价目的所需的基本内容,能反映对象的全部信息。指标的精炼可减少评价时间和成本,使评价活动易于开展。

(6)独立性原则。在设置评价指标体系时,必须考虑到同一层次内各指标之间的相互独立性,彼此之间的相关性不能太大。在对指标进行赋权时,如果各指标之间的相关性很大,就会使评价的结果偏重整个交通运输系统的某一方面,而使评价的结果不够全面,有失客观,造成评价结果的失真。

二、评价指标选取方法

建立一套层次清晰、关系合理的评价指标体系,对于保证评价结果的客观公正有着极为重要的作用。由于反映交通运输发展水平的影响因素众多,关系错综复杂,同时对于交通运输发展水平的评价标准也不是唯一的,所以评价指标的建立就是一个把反映交通运输发展水平的影响因素具体化、指标化的过程。在设计指标体系时,要注意选取能切实反映交通运输发展水平的具有代表性的指标,因反映交通运输发展水平的指标很多,所以要从多角度出发选取评价指标。指标的选取方法主要有经验确定法和数学方法两种。

(1)经验确定法。经验确定法是根据研究目的的要求和研究对象的特征,利用专家的经验和专业知识,通过推理性判断分析来确定评价指标的方法。在实际应用中,专家调研法是一种常用的方法,即向专家发函,征求其意见。评价者可根据评价目标及评价对象的特征,在所涉及的调查表中列出一系列的评价指标,分别征询专家对所设计的评价指标的意见,然后进行统计处理,并反馈咨询结果,经过几轮咨询后,如果专家意见趋于集中,则由最后一次咨询确定出具体的评价指标体系。除了专家调研法外,有时可以直接利用实践经验来选择,或者参考规范或惯例来选择确定评价指标体系,比如按照文献资料分析来选择。

(2)数学方法。使用数学方法选取指标体系是指在备选的指标集合中,应用数学方法进行分析来确定评价指标的方法。它是对指标之间的相似性判断和关联性进行数量分析后来确定评价指标的方法。在实际应用中,为了全面反映被评价对象的情况,评价者总希望所选取的评价指标越多越好。但是,过多的评价指标不仅会增加评价工作的难度,而且会因为评价指标间的相互联系造成评价信息相互重叠、相互干扰。因此,需要从初步构建的评价指标体系中选取一部分有代表性的评价指标来简化原有的指标体系,从而达到优化指标体系的目标。通常优化的方法包含两类,一类是定性分析各指标间的相互关系,从而实现优化;另一类根据指标间的关系,用定量的方法,选取代表性的指标。比如采用多元相关分析法、多元回归分析法、聚类分析法等。

三、评价指标的初选

交通运输发展水平评价指标体系的构建是个相对复杂的过程,涉及很多专业的领域。按照指标体系的构建步骤,在前述理论及方法的指导下,通过阅读相关的文献资料或者会议报告,从中选择在文献中使用频度较高的指标,同时基于对交通运输的基本属性、发展内涵及交通运输系统构成的深入分析,明确所做研究的目的,结合国家相关战略目标中对交通运输发展总体要求和发展需求,最终确定从基础设施、服务能力、绿色发展、交通安全和社会经济效益等五个方面选取指标,用于评估交通运输的发展水平。初步构建的交通运输发展指数评价指标体系,见表4-1。

交通运输发展指数指标体系-初选 表 4-1

目标层	属性层	指标层	类型
交通运输发展指数指标体系	基础设施	交通线路里程规模	正向
		公路密度	
		铁路复线率	
		公路网平均等级	
		高速公路里程规模	
		二级及以上公路里程规模占比	
		高等级航道里程规模占比	
		路面铺装率	
		建制村通硬化路率	
		全国港口万吨级及以上泊位个数	
	服务能力	旅客列车终到正点率	正向
		主要航空公司航班正常率	
		铁路动车组辆数	
		铁路空调车占比	
		营业性载货汽车平均吨位	
		营业性运输船舶平均净载重量	
		运输飞机期末在册架数	
	绿色发展	综合交通运输单位换算周转量能耗	逆向
		综合交通运输单位运输周转量二氧化碳排放量	
		水路及铁路运输周转量占全社会运输周转量的比重	正向
		公铁绿化里程	
		铁路电气化率	
	交通安全	铁路每百亿吨公里死亡率	逆向
		每百万机车总走行公里事故率	
		道路交通事故起数	
		道路交通死亡人数	
		运输船舶水上交通事故件数	
		运输船舶水上交通死亡失踪人数	
		民航航空事故征候万时率	
		民用航空事故征候万次率	
	社会经济效益	民航平均正班客座率	正向
		人均交通运输、仓储及邮政业增加值	
		旅客运输量占社会总人口的比重	
		交通运输从业人员数占社会人口数比重	

（1）基础设施指标。基础设施是从事交通运输活动的基本条件，是交通运输的重要物质技术基础。交通基础设施同时也是交通运输最基本、最重要的内容，可以综合反映交通运输的发展规模和水平，其通达深度以及自身的通行能力对于整个交通运输系统服务能力的提高有着至关重要的影响。具体指标包括：交通线路里程规模、公路密度、铁路复线率、公路网平均等级、高速公路里程规模、二级及以上公路里程规模占比、高等级航道里程规模占比、路面铺装率、建制村通硬化路率、全国港口万吨级及以上泊位个数。

（2）服务能力指标。交通运输发展的最终目的是不断提高自身的运输服务水平，通过各类运输装备完成运输生产活动，为各类生产生活活动提供安全、快捷、舒适的交通运输服务。交通运输业所提供的运输服务，对满足社会需求，促进资源交流，推动社会经济的发展都有重要意义。具体指标包括：旅客列车终到正点率、主要航空公司航班正常率、铁路动车组辆数、铁路空调车占比、营业性载货汽车平均吨位、营业性运输船舶平均净载重量、运输飞机期末在册架数。

（3）绿色发展指标。交通运输领域是我国碳排放增长最快的领域之一，也是影响气候变化的主要因素之一。要按照新时期生态文明建设基本方略，切实推动交通运输生态文明建设和绿色发展，实现交通运输发展与自然生态的和谐共存。所选取的具体指标包括：综合交通运输单位换算周转量能耗、综合交通运输单位运输周转量二氧化碳排放量、水路及铁路运输周转量占全社会运输周转量的比重、公铁绿化里程、铁路电气化率。

（4）交通安全指标。在2014年全国交通运输工作会议上，交通运输部指出要“全面深化改革，加快发展四个交通”，并强调平安交通是基础，推动交通运输安全发展是完善现代综合交通运输体系的本质要求。加快发展平安交通，是以人为本的本质要求，是服务民生的最大前提，也是实现交通运输科学发展的基础条件。具体指标包括：铁路每百亿吨公里（换算周转量）死亡率、每百万机车总走行公里事故率、道路交通事故起数、道路交通死亡人数、运输船舶水上交通事故件数、运输船舶水上交通死亡失踪人数、民航航空事故征候万时率、民用航空事故征候万次率。

(5)社会经济效益指标。基于对交通运输的基本属性分析可知,交通运输具有显著的经济和社会效益,通过连接生产、流通和消费领域,改变对象的空间位置,提高劳动对象的交换价值;同时交通运输通过向社会提供就业岗位,增加就业机会体现其社会效益。具体指标包括:民航平均正班客座率、人均交通运输仓储及邮政业增加值、旅客运输量占社会总人口的比重、交通运输从业人员数占社会人口数比重。

第四节　评价指标的检验优化

交通运输发展指数评价指标体系的构建包括指标体系的初建和优化两个阶段。初步构建的侧重点是划分目标层、属性层与指标层,同时明确每项指标的类型。从结构上来说,它更加强调的是目标、要素以及指标的分类与对应,却没有反映指标之间的亲疏关系和相似关系,并且初选的指标也未必符合特定综合评价方法的相关要求;从指标上来说,它比较注重指标的全面性,即尽可能地选取指标可能全集,而忽略其充分且必要性。因此有必要对初步构建的交通运输发展指数评价指标体系进行优化研究,使得评价指标体系及基于其计算的交通运输发展指数能应用于实际工作中。

一、评价指标检验方法

初建的评价指标体系具备了全面性、层次性和目的性,本节的研究目的是筛选出具有可测性、可比性、独立性的必要性指标,以充分发挥评价指标体系的评价功能。本研究所列举评价指标部分为复合性指标,也就是说这部分指标是经过定量基础数据的数学运算而得。另外,同一个基础数据可能会用于计算不同的评价指标,例如"公路网平均等级"指标和"二级及以上公路里程规模占比"指标都以公路总里程为分母。因此研究评价指标的"可测性、可比性、独立性",就是检验评价指标是否可测量,是否可比较和是否相互独立。

1. 可测性检验

统计数据资料是进行统计分析、指数构建的基础,可测性检验就是分析单项指标数据能否准确、及时地获取。从使用者的角度看，统计数据资料的来源主要有两种渠道，一种是通过直接的调查或者实验获得原始资料，另一种是搜集已加工、整理过的次级资料。如果通过这两种数据来源渠道某项评价指标的数据仍旧不能获取，则应舍去。

2. 可比性检验

可比性检验就是分析多个评价对象关于某项指标取值的区分度检验。容易看出，如果多个被评价对象关于某个单项指标的取值比较接近，那么尽管这个指标最终计算得出的权重比较大，用该指标去评价这些对象时，它的作用几乎为零。可比性检验通常采用的方法有专家调研法、最小均方差法和变异系数法。

（1）专家调研法。专家调研法是一种向行业专家发函、征求意见的调研方法。通常在缺少详细数据支撑时采用，该方法主观性较强。

（2）最小均方差法。单项指标值的样本均方差又叫样本标准差，它反映了单项指标值相对于平均值的离散程度。如果某个指标值的均方差接近于0，则认为该评价指标值没有区分度，应予以删除。其计算公式见式（4-1）。

$$S_{ij}=\sqrt{\frac{1}{n-1}\sum_{i=1}^{n}\left(x_{ij}-\frac{1}{n}\sum_{i=1}^{n}x_{ij}\right)^{2}} \tag{4-1}$$

式中：S——指标变量 X 的均方差；

n——被评价对象的个数；

x_{ij}——第 i 个评价对象中第 j 个指标；

i,j——分别为被评价对象和指标的序号。

（3）变异系数法。变异系数（Coefficient of Variance，CV）又叫标准差率，变异系数的意义是用来反映指标的信息分辨能力的强弱，用于衡量数据差异。变异系数法的基本理念是，在利用多个指标进行综合评价时，如果某项指标在所有被评价对象上观测值的变异程度较大，则说明该指标能够明确区分对象在该方面的能力。由于变异系数法是直接利用各项指标所包含的信息，通过计算指标的方差与平均值得出的结果，具有一定的客观性，避免了人为选择指标的主观性。其计算公式见式（4-2）：

$$V_j = \frac{S_j}{\frac{1}{n}\sum_{i=1}^{n} x_{ij}} \tag{4-2}$$

式中：V_j——指标变量 X 的变异系数；

n——被评价对象的个数；

i,j——分别为被评价对象和指标的序号。

3. 独立性检验

如前所述，部分交通运输发展指数评价指标是基础数据变量的函数组合，如果两个不同的复合指标计算公式中含有同一个基础数据变量，那么这两个复合指标之间必然存在一定的相关性。独立性检验就是定量地分析各复合指标之间交叉重叠程度，避免由于指标之间的相关关系引起的重复评价。

独立性通常采用相关系数检验，相关系数以数值的方式反映了两个复合指标线性相关的强弱程度。相关系数的绝对值愈接近 1，表明变量之间的线性相关程度愈高；相关系数绝对值愈接近 0，表明变量之间的线性相关程度愈低。相关系数为 0 时，表明变量之间不存在线性相关关系。相关分析是处理变量与变量之间关系的一种统计方法，常用的相关分析方法有简单相关分析和偏相关分析。

（1）简单相关分析。简单相关分析就是计算两变量之间相关系数，简单相关系数计算公式见式（4-3）。

$$r = \frac{COV(X,Y)}{\sqrt{D(X) \cdot D(Y)}} \tag{4-3}$$

式中：　r——指标变量 X 与 Y 的简单相关系数；

$COV(X,Y)$——指标变量的 X 与 Y 的协方差；

$D(X)$——指标变量的 X 的方差；

$D(Y)$——指标变量的 Y 的方差。

（2）偏相关分析。两个指标变量之间的相关性通常受到其他指标变量的影响。偏相关分析就是排除同一体系中其他因素的影响，计算两个变量之间“净相关”性，其衡量通常采用偏相关系数。偏相关系数是在对其他变量的影响进行控制的条件下，衡量多个变量中某两个变量之间的线性相关程度的指标。存在三个指标变量情况下,排除了指标变量 3 时指标变量 1 与 2 的偏相关系数计算公式如式(4-4)。

$$r_{12,3}=\frac{r_{1,2}-r_{1,3}\times r_{2,3}}{\sqrt{(1-r_{1,3}{}^{2})-(1-r_{2,3}{}^{2})}} \tag{4-4}$$

式中:$r_{1,2}$——指标变量 1 与 2 的偏相关系数;

$r_{1,3}$——指标变量 1 与 3 的简单相关系数;

$r_{2,3}$——指标变量 2 与 3 的简单相关系数。

4. 指标体系“深度”与“出度”分析

综合评价指标体系的层次数(层次深度)与指标总个数、每一上层直接控制的下层个数有关。采用图论中的术语,则每一上层控制下属单位个数称为“出度”,控制该下层的直接上层个数称为该下层的“入度”。评价对象概念的复杂程度较高,则层数可以多一些,但层次数过多,每一层次内部指标个数就会减少。显然,层次深度与出度之间是相互制约的。例如,对于完全 M 叉树(每一结点的出度都为 M),总层次数为 L,则可容纳的指标个数 $P=M^{L-1}$。根据这个关系,就可以大致判断一个综合评价指标体系的层次数。

二、评价指标检验过程

1. 可测性检验

为保证计算结果公正客观,本研究中的评价指标都是基于原始统计数据量化的结果,并不涉及主观性指标。通过查阅和分析 2008 年—2017 年《中国道路运输发展报告》、2008 年—2017 年《从统计看民航》、2008 年—2017 年《中国铁道年鉴》、2008 年—2017 年《中国交通运输统计年鉴》、2008 年—2017 年《中国统计年鉴》、2008 年—2017 年《交通运输行业发展统计公报》、2008 年—2017 年《民航行业发展统计公报》、2008 年—2017 年《铁道统计公报》及与交通运输发展相关的网络数据资源,获取所需数据。利用这些数据可以计算出评价指标体系中的指标,其中可测的评价指标信息,如表 4-2 所示。

通过可测性检验可知,由于参与计算旅客列车终到正点率、综合交通运输单位运输周转量二氧化碳排放量等2个指标的基础数据无数据来源，因此从相应的指标体系评价类别中删除。

可测的评价指标信息统计表　　表4-2

编号	评价指标	单　位	基础数据来源	备注
1	交通线路里程规模	公里	4	
2	公路密度	公里/百平方公里	6	
3	铁路复线率	%	8	
4	公路网平均等级		4	
5	高速公路里程规模	公里	4	
6	二级及以上公路里程规模占比	%	4	
7	高等级航道里程规模占比	%	4	
8	路面铺装率	%	4	
9	建制村通硬化路率	%	4	
10	全国港口万吨级及以上泊位个数	个	6	
11	旅客列车终到正点率	%	无	删除
12	主要航空公司航班正常率	%	2	
13	铁路动车组辆数	辆	8	
14	铁路空调车占比	%	8	
15	营业性载货汽车平均吨位	吨/辆	6	
16	营业性运输船舶平均净载重量	吨/艘	4	
17	运输飞机期末在册架数	架	7	
18	综合交通运输单位换算周转量能耗	吨标准煤/万换算吨公里	5	
19	综合交通运输单位运输周转量二氧化碳排放量	吨 CO_2/万换算吨公里	无	删除
20	水路及铁路运输周转量占全社会运输周转量的比重	%	6	
21	公铁绿化里程	万公里	3、6	
22	铁路电气化率	%	3	
23	铁路每百亿吨公里死亡率	人/(100亿×t×km)	3	
24	每百万机车总走行公里事故率	件/百万公里	3	
25	道路交通事故起数	起	5	
26	道路交通死亡人数	人	5	
27	运输船舶水上交通事故件数	件	6	
28	运输船舶水上交通死亡失踪人数	人	6	
29	民航航空事故征候万时率	次/万小时	2	
30	民用航空事故征候万次率	次/万架次	2	

续上表

编号	评 价 指 标	单　　位	基础数据来源	备注
31	民航平均正班客座率	%	2	
32	人均交通运输、仓储及邮政业增加值	元/人	5	
33	旅客运输量占社会总人口的比重	次	5	
34	交通运输从业人员数占社会人口数比重	%	1	

注:表中“基础数据来源”一栏中,“1”表示该指标基础数据来源于《中国道路运输发展报告》,“2”表示《从统计看民航》,“3”表示《中国铁道年鉴》,“4”表示《中国交通运输统计年鉴》,“5”表示《中国统计年鉴》,“6”表示来自交通运输行业发展统计公报,“7”表示来自民航行业发展统计公报,“8”表示来自铁道统计公报。

2. 可比性检验

如前文所述,可比性检验的方法有专家调研法、最小均方差法和变异系数法。由于待检验的指标数量多、涉及范围广,采用专家调研法进行可比性检验受到限制;最小均方差法边界条件的确定通常受到单位和数量级的影响,在此应用也受限制。而变异系数法是一种不受指标数据单位影响的常用可比性检验方法,系数的大小代表指标数据分布变动的显著程度,超过临界值的就应该予以保留;相反低于临界值的就应该予以删除。因此选用变异系数法来进行指标的可比性检验,计算结果如表4-3 所示。

评价指标变异系数表　　表4-3

编号	评 价 指 标	均值	标准差	变异系数	备注
1	交通线路里程规模	4509797.20	372215.50	0.08	≤0.1
2	公路密度	46.98	3.88	0.08	≤0.1
3	铁路复线率	46.58	7.08	0.15	
4	公路网平均等级	3.11	0.20	0.06	≤0.1
5	高速公路里程规模	98793.50	27278.56	0.28	
6	二级及以上公路里程规模占比	11.89	0.78	0.07	≤0.1
7	高等级航道里程规模占比	8.24	0.96	0.12	
8	路面铺装率	66.78	8.00	0.12	
9	建制村通硬化路率	87.04	8.86	0.10	≤0.1
10	全国港口万吨级及以上泊位个数	1929.40	328.31	0.17	
11	主要航空公司航班正常率	75.23	4.71	0.06	≤0.1
12	铁路动车组辆数	11438.30	7138.71	0.62	

续上表

编号	评 价 指 标	均值	标准差	变异系数	备注
13	铁路空调车占比	76.79	11.19	0.15	
14	营业性载货汽车平均吨位	1.21	6.62	0.18	
15	营业性运输船舶平均净载重量	1296.40	370.53	0.29	
16	运输飞机期末在册架数	2138.90	673.31	0.31	
17	综合交通运输单位换算周转量能耗	0.18	0.01	0.04	≤0.1
18	水路及铁路运输周转量占全社会运输周转量的比重	70.67	2.87	0.04	≤0.1
19	公铁绿化里程	224.90	34.66	0.15	
20	铁路电气化率	53.17	10.53	0.20	
21	铁路每百亿吨公里死亡率	0.10	0.03	0.25	
22	每百万机车总走行公里事故率	0.07	0.04	0.65	
23	道路交通事故起数	207117.80	28228.83	0.14	
24	道路交通死亡人数	61849.40	5415.75	0.09	≤0.1
25	运输船舶水上交通事故件数	272.60	59.38	0.22	
26	运输船舶水上交通死亡失踪人数	271.10	56.39	0.21	
27	民航航空事故征候万时率	0.41	0.11	0.26	
28	民用航空事故征候万次率	0.74	0.22	0.30	
29	民航平均正班客座率	80.28	2.81	0.04	≤0.1
30	人均交通运输、仓储及邮政业增加值	1843.11	475.40	0.26	
31	旅客运输量占社会总人口的比重	13.04	1.45	0.11	
32	交通运输从业人员数占社会人口数比重	1.83	0.17	0.09	≤0.1

注:变异系数的临界值为0.1。

通过可比性检验可知,由于交通线路里程规模、公路网平均等级、二级及以上公路里程规模占比、建制村通硬化路率、主要航空公司航班正常率、道路交通死亡人数、民航平均正班客座率等7个指标变异系数小于或等于、不大于0.1,说明这些指标不具有足够的信息分辨能力,故此删除。公路密度、综合交通运输单位换算周转量能耗、水路及铁路运输周转量占全社会运输周转量的比重、交通运输从业人员数占社会人口数比重等4个指标虽然变异系数小于0.1,但考虑到这些指标能反映当前我国交通运输在基础设施、能源消耗和社会贡献等方面的发展水平,因此保留。

3. 独立性检验

有关研究表明，当相关系数的绝对值≥0.8时，可视为两指标之间高度相关；当相关系数≥0.5且<0.8时，可视为两指标之间中度相关；当相关系数≥0.3且<0.5时，可视为两指标之间低度相关；当相关系数<0.3时，可视为两指标之间相关程度较弱。

在利用相关系数进行分析以筛选指标时，对指标的删减是在同一类指标内部进行。不可否认的是不同类指标之间也存在相关关系，甚至有些指标间会高度相关，但是不能依据这一点就进行指标的筛选，因为不同类指标衡量的内容是不一样的，反映的交通运输发展水平的侧面是不同的。分析评价指标两两之间的相关系数，得到变量的相关系数矩阵，如表4-4～表4-8所示。

基础设施指标相关系数矩阵　　表4-4

相关系数		1	2	3	4	5	6
铁路复线率	1	1.000	0.694	0.693	0.783	0.584	0.695
公路密度	2		1.000	0.597	0.571	0.692	0.699
高速公路里程规模	3			1.000	0.977	0.986	0.997
高等级航道里程规模占比	4				1.000	0.765	0.569
路面铺装率	5					1.000	0.989
全国港口万吨级及以上泊位个数	6						1.000

服务能力指标相关系数矩阵　　表4-5

相关系数		1	2	3	4	5
铁路动车组辆数	1	1.000	0.957	0.977	0.937	0.995
铁路空调车占比	2		1.000	0.655	0.559	0.661
营业性载货汽车平均吨位	3			1.000	0.581	0.593
营业性运输船舶平均净载重量	4				1.000	0.660
运输飞机期末在册架数	5					1.000

绿色发展指标相关系数矩阵　　表4-6

相关系数		1	2	3	4
综合交通运输单位换算周转量能耗	1	1.000	0.186	-0.240	-0.297
水路及铁路运输周转量占全社会运输周转量的比重	2		1.000	-0.684	-0.959
公铁绿化里程	3			1.000	0.991
铁路电气化率	4				1.000

平安交通指标相关系数矩阵 表4-7

相关系数		1	2	3	4	5	6	7
铁路每百亿吨公里(换算周转量)死亡率	1	1.000	0.174	0.728	0.859	0.566	-0.777	-0.664
每百万机车总走行公里事故率	2		1.000	-0.702	-0.193	-0.759	-0.879	-0.953
道路交通事故起数	3			1.000	0.516	0.644	-0.513	-0.659
运输船舶水上交通事故件数	4				1.000	0.985	-0.799	-0.759
运输船舶水上交通死亡失踪人数	5					1.000	-0.535	-0.591
民航航空事故征候万时率	6						1.000	0.995
民用航空事故征候万次率	7							1.000

经济社会效益指标相关系数矩阵 表4-8

相关系数		1	2	3
人均交通运输、仓储及邮政业增加值	1	1.000	0.764	0.624
旅客运输量占社会总人口的比重	2		1.000	0.976
交通运输从业人员数占社会人口数比重	3			1.000

通过显著性水平为0.01时的双侧检验发现,高速公路里程规模与高等级航道里程规模占比、路面铺装率、全国港口万吨级及以上泊位个数存在较强的相关关系(相关系数分别为0.977、0.986、0.997),路面铺装率与全国港口万吨级及以上泊位个数高度相关(相关系数为0.989);动车组辆数与该类其他指标均高度相关,相关系数均大于0.9;铁路电气化率与水路及铁路运输周转量占比、公铁绿化里程相关度较高(相关系数分别为-0.959、0.991);每百万机车总走行公里事故率与道路交通事故起数、运输船舶水上交通死亡失踪人数、民航航空事故征候万时率高度相关(相关系数分别为-0.702、-0.759、-0.879),运输船舶水上交通事故件数与运输船舶水上交通死亡失踪人数、民航航空事故征候万时率、民航航空事故征候万次率相关系数均超过0.75,民航航空事故征候万时率与铁路每百亿吨公里死亡率、每百万机车总走行公里事故率相关系数分别为-0.777、-0.879;民航航空事故征候万次率与其他指标均高度相关;旅客运输量占社会总人口的比重与交通运输从业人员数占社会人口数比重高度相关(相关系数为0.976)。

通过独立性检验对指标做如下优化:删除高速公路里程规模、路面铺装率、铁路动车组辆数、铁路电气化率、每百万机车总走行公里事故率、运输船舶水上交通事故件数、民航航空事故征候万时率、民用航空事故征候万次率、旅客运输量占社会总人口的比重等9个指标。

4. 指标体系“深度”与“出度”检验

基于前文对于评价指标体系层次“深度”与“出度”分析，根据经验，一般的综合评价指标体系层次深度（包括最底层的指标层）在3～6层是比较合理的，层次过多反而会使评价问题的因素分析（即从不同侧面变动对总变动影响构成的角度进行因素分析）变得复杂化。同时，由于综合评价指标体系层次结构还要用于构权，因此指标层次结构图的“出度”不能超过9，最理想的层次出度为4～6，一般情况下“出度”应该大于1。本研究中，通过以上检验方法检验之后，最终确定的评价指标体系层次数$L=3$，指标个数$P=16$，出度在2～4之间，基本合理。

三、评价指标体系的最终确定

经过指标的初选并对初步建立的评价指标体系进行了“三个检验”及“深度”与“出度”分析，同时运用变异系数、相关系数等方法进行了评价指标优化调整，最终确定了一个包含5大领域、16项指标的评价指标体系，具体的指标体系如表4-9所示。

交通运输发展指数指标体系-最终　　表4-9

目标层	属性层	指标层	类型
交通运输发展指数指标体系	基础设施	铁路复线率	正向
		公路密度	
		高等级航道里程规模占比	
		全国港口万吨级及以上泊位个数	
	服务能力	铁路空调车占比	正向
		营业性载货汽车平均吨位	
		营业性运输船舶平均净载重量	
		运输飞机期末在册架数	
	绿色发展	综合交通运输单位换算周转量能耗	逆向
		水路及铁路运输周转量占全社会运输周转量的比重	正向
		公铁绿化里程	

续上表

目 标 层	属 性 层	指 标 层	类 型
交通运输发展指数指标体系	交通安全	铁路每百亿吨公里死亡率	逆向
		道路交通事故起数	
		运输船舶水上交通死亡失踪人数	
	社会经济效益	人均交通运输、仓储及邮政业增加值	正向
		交通运输从业人员数占社会人口数比重	

第五节 交通运输发展指数评价指标解释说明

(1)铁路复线率,指统计期末,铁路营业里程中复线铁路所占的比例。复线铁路,又称双线铁路,是指双线及以上的线路,营业长度中的复线,按与复线相对应的第Ⅰ线长度计算。复线铁路的建设,在很大程度上提高了铁路通过能力,减少了列车停站次数,可节省能量消耗,提高区段速度,加速机车车辆周转和客货送达时间。计算公式见式(4-5):

$$铁路复线率=\frac{铁路复线里程(公里)}{铁路营业里程(公里)}\times 100\% \tag{4-5}$$

(2)公路密度,指报告期末一定区域内单位国土面积所拥有的公路里程数。公路密度反映国家或某一地区公路网的密度情况,以测定公路在一定时期的发展水平和对国民经济需要的适应程度,为制定公路方针、政策,拟订公路网发展规划提供依据。计算公式见式(4-6):

$$公路密度(公里/百平方公里)=\frac{公路里程(公里)}{国土面积(百平方公里)} \tag{4-6}$$

(3)高等级航道里程规模占比,指统计期末,按照中华人民共和国《内河通航标准》(GBJ 50139—2004)能够达到的5级及以上航道里程数占航道总里程的比重。内河航道与公路、铁路相比,其建设费用低,可利用天然水资源并具有运量大、成本低、能耗小、污染少等优势,在平原地区和渠化河流上优势更加明显。航道里程等级的高低可以有效表征内河航运所处的发展阶段。计算公式见式(4-7):

$$H=\frac{H_1+H_2+H_3+H_4+H_5}{H_0}\times 100\% \tag{4-7}$$

式中：H——高等级航道里程规模占比；

H_0——航道总里程规模，公里；

H_1——一级航道里程规模，公里；

H_2——二级航道里程规模，公里；

H_3——三级航道里程规模，公里；

H_4——四级航道里程规模，公里；

H_5——五级航道里程规模，公里。

(4)全国港口万吨级及以上泊位个数，指报告期末在当地设计低水位时，泊位所能靠泊并进行装卸货物、上下旅客等正常作业的最大满载船舶的载重吨级达到万吨级及以上的泊位实际数量。

(5)铁路空调车占比，指报告期末铁路客车中具有空调属性客车的辆数占客车总数的比重。实行客车配属制的铁路运输企业按照客车配属关系统计配属客车辆数，不实行客车配属制的铁路运输企业按资产隶属关系统计客车辆数。计算公式见式(4-8)。

$$\text{铁路空调车占比} = \frac{\text{铁路空调车(辆)}}{\text{铁路客车(辆)}} \times 100\% \tag{4-8}$$

(6)营业性载货汽车平均吨位，指在公路运输管理部门注册登记的，未办理报废、注销、转出手续的从事公路运输的平均每辆营业性运输工具的标记吨位，不包括出租汽车、公共汽电车。计算公式见式(4-9)。

$$\text{营业性载货汽车平均吨位} = \frac{\text{营业性载货汽车辆数(辆)}}{\text{营业性载货汽车吨位数(吨)}} \times 100\% \tag{4-9}$$

(7)营业性运输船舶平均净载重量，指报告期末从事水上客、货运输活动的我国企业或私人拥有的平均每艘营业性运输船舶定额载重量。计算公式见式(4-10)。

$$\text{营业性运输船舶平均净载重量} = \frac{\text{轮驳船净载重量(吨)}}{\text{轮驳船艘数(艘)}} \tag{4-10}$$

(8)运输飞机期末在册架数，指报告期末在国内注册的航空器架数。该指标是编制民航运输计划、安排组织航空运输生产、分析飞机利用情况的依据，也是反映民航行业生产能力的重要指标。

(9)综合交通运输单位换算周转量能耗,指每换算周转量所需要的交通运输、仓储和邮政业能源数量。其中,换算周转量是指将旅客周转量按一定比例换算为货物周转量,然后与货物周转量相加成为一个包括客货运输的换算周转量指标。计算公式如式(4-11)。

$$综合交通运输单位换算周转量能耗 = \frac{交通运输、仓储和邮政业能源消费量(吨标准煤)}{换算周转量(万换算吨公里)} \tag{4-11}$$

(10)水路及铁路运输周转量占全社会运输周转量比重,指报告期末水路、铁路行业完成的运输周转量占全社会运输总周转量的比重。运输周转量是说明运输部门或运输企业一定时期内运输工作量的指标,是考核运输任务完成情况、计算运输成本和劳动生产率的重要依据,同时也是制定运输计划和规划的一个基础数据与基本指标。计算公式如式(4-12)。

$$M = \frac{N + P}{O} \times 100\% \tag{4-12}$$

式中:M——水路及铁路运输周转量占比,%;

N——水路运输周转量,换算吨公里;

P——铁路运输周转量,换算吨公里;

O——全社会运输周转量,换算吨公里。

(11)公铁绿化里程,指报告期末铁路已绿化里程与公路已绿化里程之和。其中,公路已绿化里程是指在公路可绿化里程路段上的公路用地范围内,按标准栽植乔木、灌木、花、草,成活率和保存率分别达到标准要求,生长正常的公路里程;铁路已绿化里程指报告期末铁路既有线两侧达到《既有线铁路绿色通道工程建设标准(试行)》及路界用地宽度要求的绿化里程。计算公式如式(4-13)。

$$公铁绿化里程(公里) = 公路已绿化里程(公里) + 铁路已绿化里程(公里) \tag{4-13}$$

(12)铁路每百亿吨公里死亡率,指铁路行业每完成百亿吨公里换算周转量所发生的死亡人数。该指标作为衡量铁路企业安全生产状况的指标,能综合反映铁路运输业安全生产与实物运输量、劳动生产率的关系,能较科学、合理地反映铁路运输生产安全的实际状况。计算公式如式(4-14)。

$$M = \frac{N}{\sum pl} \times 10^{10} \tag{4-14}$$

式中：M——百亿吨公里(换算周转量)死亡率,人/(100 亿吨公里);

N——运营部门死亡人数,人;

$\sum pl$——客运(含包裹、行李)、货运周转量之和,吨公里。

(13)道路交通事故起数,指报告期末发生道路交通事故的数量。道路交通事故是指车辆在道路上因过错或者意外造成的人身伤亡或者财产损失的事件。

(14)运输船舶水上交通死亡失踪人数,指报告期末在我国水域内及中国籍船舶在我国管辖水域以外因发生水上交通事故而造成的人员伤亡人数。其中,水上交通事故是指船舶在航行、停泊、作业过程中发生的造成人员伤亡、财产损失、水域环境污染损害的意外事件。

(15)人均交通运输、仓储及邮政业增加值,指在报告期内平均每人所完成的交通运输、仓储及邮政业增加值的数量。其中,交通运输、仓储及邮政业增加值数据源自国家统计局国家数据库。计算公式如式(4-15)。

$$M = \frac{N}{P} \tag{4-15}$$

式中：M——人均交通运输、仓储及邮政业增加值,元/人;

N——交通运输、仓储及邮政业增加值,万元;

P——人口数,万人。

(16)交通运输从业人员数占社会人口数比重,指交通运输行业在报告期内拥有的从业人员数量占当年社会总人口数的比重。计算公式如式(4-16)。

$$W = \frac{M}{N} \times 100\% \tag{4-16}$$

式中：W——交通运输从业人员数占社会人口数比重,%;

M——交通运输从业人员,万人;

N——人口数,万人。

第五章　评价指标数据预处理方法研究

第一节　数据一致化方法研究

通常情况下，在基于建立的评价指标体系进行综合评价之前，要对评价指标进行一致化处理。由于纳入评价指标体系的指标中，部分指标是正向型指标，部分指标是逆向型指标，因此，指标处理要保持相同趋势化，从而保证指标之间的可对比性。对于正向型指标，属性值越大越好；对于逆向型指标，属性值越小越好。每一种一致化方法对综合评价结果影响不同，如果选取一致化方法较为随意，将会影响综合评价结果的准确性。

一、指标一致化常用方法

(1)倒数一致化法。对于逆向型指标，也称为"极小型"指标，该种类型的指标取值越小越优，是通过正逆指标的互反关系而确立的一种逆变换方式。计算公式如式(5-1)。

$$Y=\frac{C}{X} \tag{5-1}$$

式中：Y、X——表示一致化前后的指标；

C——正常数，通常取 $C=1$，即 $Y=\frac{1}{X}$。

对于适度型指标，该指标既不是越大越优，也不是越小越优，而是越靠近一个适度值或者是在某一区间内为最优。计算公式如式(5-2)。

$$Y=\frac{1}{|\alpha-X|} \tag{5-2}$$

式中：Y、X——表示一致化前后的指标；

α——为指标 X 的适度值。

(2)减法一致化法。对于逆向型指标，减法一致化计算公式如式(5-3)。

$$Y = M - X \tag{5-3}$$

式中：M——为指标 X 的一个允许的上界，通常，可以取 $M = 0$，即 $Y = -X$。

对于适度型指标，减法一致化计算公式如式(5-4)。

$$Y = K - |\alpha - X| \tag{5-4}$$

式中：K——为正常数；

α——为指标 X 的适度值。

二、指标一致化方法的比较与选择

(1)样本数据背景及线性评价模型。本研究基于前述章节建立的评价指标体系，从指标体系五大类指标中选取 10 个地区的 7 个指标 2016 年的官方统计数据作为分析研究的样本。样本指标体系及样本数据如表 5-1、表 5-2 所示，表 5-1 中各指标的权重采用专家打分法进行确定。

一致化方法比较指标体系表　　表 5-1

指标代码	评价指标	单　位	权重(%)	指标性质
X1	公路密度	公里/百平方公里	22	正向
X2	高等级航道里程规模占比	%	19	正向
X3	营业性载货汽车平均吨位	吨/辆	12	正向
X4	营业性运输船舶平均净载重量	吨/艘	12	正向
X5	全国公路绿化里程	公里	10	正向
X6	道路交通事故起数	起	13	负向
X7	交通运输从业人员数占社会人口数比重	%	12	正向

一致化方法比较原始数据表　　表 5-2

地　区	X1	X2	X3	X4	X5	X6	X7
地区 1	153.32	16.753 5	9.039 0	1 078	141 493	13 187	0.482 5
地区 2	116.95	19.836 1	7.934 2	1 619	74 899	17 135	0.419 8
地区 3	87.94	20.000 0	8.473 1	4 801	87 947	8 684	0.461 1
地区 4	97.01	14.029 8	10.213 5	678	96 537	2 873	0.379 1

续上表

地　　区	X1	X2	X3	X4	X5	X6	X7
地区 5	160.14	41.126 2	8.403 2	1 677	212 825	6 355	0.402 6
地区 6	139.96	35.693 1	7.154 6	1 885	109 317	5 271	0.470 5
地区 7	173.45	30.307 9	6.665 0	1 906	60 324	5 220	0.744 3
地区 8	66.48	16.333 9	6.292 7	168	132 971	9 193	0.370 5
地区 9	108.82	24.890 8	4.459 9	64	42 857	1 145	0.283 3
地区 10	60.42	39.432 0	4.229 4	122	132 117	5 725	0.299 9

评价方法采用线性函数综合评价方法，计算公式如式(5-5)。

$$F = \omega_1 y_1 + \omega_2 y_2 + \cdots + \omega_m y_m \tag{5-5}$$

式中：F——综合评价值；

ω——权数；

y——指标标准化值。

首先对原始数据用减法一致化法、倒数一致化法及 z-score 法、极大化法等标准化方法分别进行处理，然后运用处理后的数据对各地区交通运输发展水平进行综合评价和排序比较，以分析每种标准化方法对综合评价结果的影响，并对每种标准化方法的适应性进行比较和选择。

(2)指标一致化处理结果。由于一致化方法只针对逆指标和适度指标，而本实验中所采用的指标体系中只有道路交通事故起数这个指标为逆指标，所以一致化方法也只针对这项指标。采用两种一致化方法进行数据一致化的结果如表 5-3 所示。

原始数据与一致化后数据比较表　　表 5-3

地　　区	原 始 数 据	倒数一致化方法	减法一致化方法
	X6	X6	X6
地区 1	13 187	0.000 076	−131 87
地区 2	17 135	0.000 058	−171 35
地区 3	8 684	0.000 115	−8 684
地区 4	2 873	0.000 348	−2 873
地区 5	6 355	0.000 157	−6 355
地区 6	5 271	0.000 190	−5 271
地区 7	5 220	0.000 192	−5 220

续上表

地　　区	原始数据	倒数一致化方法	减法一致化方法
	X6	X6	X6
地区 8	9 193	0.000 109	-9 193
地区 9	1 145	0.000 873	-1145
地区 10	5 725	0.000 175	-5 725

(3)两种一致化方法下线性综合评价模型的鲁棒性比较。综合评价模型的鲁棒性是指模型参数或环境参数改变时,综合评价结果保持相对稳定的能力。当评价指标体系、各指标权重、无量纲化方法及评价模型保持不变时,一致化方法的不同是本实验中唯一的变量。因此,本研究采用肯德尔和谐系数来测度当采用的一致化方法不同时,综合评价模型的鲁棒性。肯德尔和谐系数是根据评价方法对各评价对象的评价等级及其差异大小,来衡量各种评价结果一致性程度的指标。肯德尔和谐系数 C 的计算公式如式(5-6)。

$$C=\frac{\sum_{i=1}^{n}R_i^{\ 2}-\frac{1}{n}\left(\sum_{i=1}^{n}R_i\right)^2}{\frac{1}{12}m^2(n^3-n)} \tag{5-6}$$

式中:m——评价方法种数;

n——被评价项目个数;

R_i——m 种评价方法对第 i 个评价项目所给评价等级的总和。

无量纲化方法采用 z-score 和极大化两种方法进行处理,最后得到两种无量纲方法的综合评价值以及排序,排序结果如表 5-4 和表 5-5 所示。

减法一致化下各方法综合评价结果及其排序　　　表 5-4

地　　区	z-score 法		极大化法	
	综合评价值	排序	综合评价值	排序
地区 1	0.076	4	2.047	2
地区 2	-0.394	8	2.422	1
地区 3	0.047	5	1.525	3
地区 4	-0.159	6	0.757	9
地区 5	0.841	1	1.420	4

续上表

地　区	z-score 法		极大化法	
	综合评价值	排序	综合评价值	排序
地区 6	0.447	3	1.199	7
地区 7	0.660	2	1.227	6
地区 8	-0.679	10	1.404	5
地区 9	-0.452	9	0.503	10
地区 10	-0.385	7	1.072	8

倒数一致化下各方法综合评价结果及其排序　　表 5-5

地　区	z-score 法		极大化法	
	综合评价值	排序	综合评价值	排序
地区 1	0.148	4	0.561	4
地区 2	-0.224	7	0.485	7
地区 3	0.018	5	0.556	5
地区 4	-0.220	6	0.483	8
地区 5	0.771	1	0.722	1
地区 6	0.365	3	0.629	3
地区 7	0.578	2	0.663	2
地区 8	-0.698	10	0.376	10
地区 9	-0.276	8	0.503	6
地区 10	-0.462	9	0.448	9

从表 5-4 和表 5-5 的数据结果可以看出，在两种一致化方法下，各种无量纲方法得出的综合评价排序结果都是有差异的，也就是说，指标一致化方法的选择对综合评价结果是敏感的。本实验通过分别计算倒数一致化和减法一致化方法下基于两种无量纲化方法的综合评级排序的肯德尔和谐系数(C)以刻画不同一致化方法对评价结果的影响。计算结果如表 5-6 和表 5-7 所示。

倒数一致化肯德尔和谐系数计算结果　　表 5-6

地　区	z-score 法	极大化法	R	R^2
	排序	排序		
地区 1	4	4	8	64
地区 2	7	7	14	196
地区 3	5	5	10	100

续上表

地　　区	z-score 法	极大化法	R	R^2
	排序	排序		
地区 4	6	8	14	196
地区 5	1	1	2	4
地区 6	3	3	6	36
地区 7	2	2	4	16
地区 8	10	10	20	400
地区 9	8	6	14	196
地区 10	9	9	18	324
C1	0.98			

减法一致化肯德尔和谐系数计算结果　　表 5-7

地　　区	z-score 法	极大化法	R	R^2
	排序	排序		
地区 1	4	2	6	36
地区 2	8	1	9	81
地区 3	5	3	8	64
地区 4	6	9	15	225
地区 5	1	4	5	25
地区 6	3	7	10	100
地区 7	2	6	8	64
地区 8	10	5	15	225
地区 9	9	10	19	361
地区 10	7	8	15	225
C2	0.59			

从表 5-6 和表 5-7 可以得出，C1（倒数一致化）= 0.98，C2（减法一致化）= 0.59，C2 < C1，可见倒数一致化下综合评价结果的肯德尔和谐系数明显大于减法一致化下的肯德尔和谐系数。也就是说，对于同样的综合评价模型及权重的情况下，在无量纲化方法相同时，倒数一致化方法下的综合评价结果更为稳定，鲁棒性更强。因此，本研究在构建交通运输发展指数时，采用倒数一致化方法对评价指标进行一致化处理。

第二节　数据无量纲化方法研究

一、数据无量纲化的意义

量纲是物理学中的一个重要概念,由于各物理量以一定的关系式联系着,所以一般取其中的一些独立的物理量作为基本量,并规定一个基本量度单位,其他的物理量的量度单位将以确定的形式导出。我们把基本量所采用的量度单位叫作基本量度单位,其他的物理量的单位称为导出单位。按照此种方法构成的一套单位在做理论运算和数值计算时,往往必须做无量纲化处理,这样可以使物理方程转换为特定的数学方程式,便于数学处理。

在进行多指标综合评价时,无量纲化处理的合理与否直接影响交通运输发展指数计算的准确度。由于各个指标的单位不同,量纲不同,数量级不同,如果直接进行原始数据的加总,将无法得出准确的评价结果,甚至会影响评价的结论。为统一指标,首先要对所有的评价指标进行无量纲化处理,以消除量纲,将其转化为无量纲、无数量级差别的标准分,然后进行分析评价。然而,利用不同的指标标准化方法对相同待评价对象数据进行标准化处理后得到的标准化数据不同,据此计算的评价结论也不同。如果采用不恰当的指标标准化方法进行标准化处理,可能将得到不正确的评价结论。因此,有必要对常用的无量纲化方法进行梳理,并结合本研究的指标体系探索哪一种无量纲化方法对于本研究相对有效。

二、数据无量纲化的常用方法

评价指标的无量纲化本质上是将不同量纲的指标或非定量化指标化为可以综合的无量纲的定量化指标。在本研究中,主要基于常用的线性无量纲化方法来进行比较和分析,来选择更加科学合理的线性无量纲化方法。

假设,在建立交通运输发展水平评价模型时,有 n 个对象,m 个指标,则原始

的指标矩阵为 $X=(X_{ij})m*n$,$(i=1,2,\cdots,n;j=1,2,\cdots,m)$,式中,$X_{ij}$表示第 i 个对象的第 j 指标的实际值,$\max(X_j)$表示第 j 个指标的最大值,$\min(X_j)$表示第 j 个指标的最小值,$\overline{X}_j$表示第 j 个指标的平均值。由原始的指标矩阵经无量纲化处理得到无量纲化矩阵 Y_{ij},Y_{ij}表示第 i 个对象的第 j 指标的无量纲化值。

(1)极差正规化法。计算公式如式(5-7)。

$$Y_{ij}=\frac{X_{ij}-\min(X_j)}{\max(X_j)-\min(X_j)}\qquad(i=1,2,\cdots,n;j=1,2,\cdots,m)\tag{5-7}$$

式中:Y_{ij}——范围在 0~1 之间,各 Y_{ij}值的分布仍与相应原 X 值的分布相同,适用于呈正态分布或非正态分布指标值的无量纲化。$Y_{ij}\in[0,1]$,最大值为 1,最小值为 0,不适用于指标恒定的情况。

(2)极小化法。计算公式如式(5-8)。

$$Y_{ij}=\frac{X_{ij}}{\min(X_j)}\qquad(i=1,2,\cdots,n;j=1,2,\cdots,m)\tag{5-8}$$

式中:Y_{ij}——范围在 $1\sim\infty$ 之间,各 Y_{ij}值的分布仍与相应原 X 值的分布相同,适用于呈正态分布或非正态分布指标值的无量纲化。

(3)极大化法。计算公式如式(5-9)。

$$Y_{ij}=\frac{X_{ij}}{\max(X_j)}\qquad(i=1,2,\cdots,n;j=1,2,\cdots,m)\tag{5-9}$$

式中:Y_{ij}——极大值为 1,其余各数值均小于 1,各 Y_{ij}值的分布仍与相应原 X 值的分布相同,适用于呈正态分布或非正态分布指标值的无量纲化。

(4)均值化法。计算公式如式(5-10)。

$$Y_{ij}=\frac{X_{ij-X_j}}{\overline{X}_j}\qquad(i=1,2,\cdots,n;j=1,2,\cdots,m)\tag{5-10}$$

式中:Y_{ij}——范围在 0~1 之间,各 Y_{ij}值的分布仍与相应原 X 值的分布相同,适用于呈正态分布或非正态分布指标值的无量纲化。

(5)z-score。z-score 也成为零-均值规范化法、标准差标准化,经过标准化之后的数据均值为 0,标准差为 1。计算公式如式(5-11)。

$$Y_{ij}=\frac{X_{ij}-\overline{X}_{ij}}{\sigma}\qquad(i=1,2,\cdots,n;j=1,2,\cdots,m)\tag{5-11}$$

z-score 反映了给定的数据序列中的每个数据距离数列均值有多少个标准差,在均值之上的数据,标准化之后是一个正的标准化分数,在均值之下的数据,标准化之后是一个负的标准化分数。

(6)秩次法。秩次法指将一致化处理后的指标值按从小到大的顺序赋以相应的秩次,则使各指标值转化为 $1 \sim n$ 间的数据(n 为样本含量)。

$$Y_{ij} = x \qquad (x = 1, 2, \cdots, n)$$

三、数据无量纲化方法的优选思路

在交通运输发展指数的计算过程中,评价指标体系的建立、数据的一致化、数据的无量纲化、指标权重的确定及指数公式的选择是其中的五个关键的环节。因此,在研究思路上,基于前述章节建立的评价指标体系及确定了的使用倒数一致化方法进行评价指标一致化的基础上,选取相同的评价指标、相同的指标权重及相同的指数计算公式,以消除评价指标、指标权重及指数公式三个环节的差异导致的评价结果的差异,同时基于序号总和理论以及等级相关系数分析不同无量纲方法下指标标准化的结果,比较各种无量纲化方法的相对有效性。

四、数据无量纲化方法的比较与选择

1. 序号总和理论及具体分析步骤

所谓序号总和理论,是指用各种不同的评价方法对需要评价的对象进行排序评价,每种评价方法的排序结果可能不同,然后把各种方法所得的排序结果相加,即把某个评价对象在各种评价方法下的排序序号相加,所得到的序号总和(或序号总和的排序结果)即是评价对象真正综合水平的排序结果。

序号总和理论具体步骤如下:

(1)首先,根据需要评估的对象,建立评价指标体系。本实验选取的指标如表 5-1 所示。

(2)基于常用的无量纲化方法(本实验选取 z-score 法、极差化法、极大化法、极小化法、均值化法、秩次法六种无量纲化方法）和相应的 K 个评价指标（在本实验中，指标数量为7）对一组评价对象进行排序，得到 K 种排序结果，也即每个评价对象在不同的无量纲方法下具有不同的序号数。

（3）求出每个评价对象在 K 种排序中的序号数总和，再按序号和的大小对评价对象进行排序。根据序号总和理论，这一排序结果反映了评价对象真实水平的准确排序结果。但是，这一结果由于没有明确的实际意义，故只能作为一个中间结果，作为进一步分析的参照系。

（4）求出步骤（2）中的 K 种排序结果与参照系的排序结果的斯皮尔曼等级相关系数。这一步工作的主要目的是通过计算等级相关系数来确定 K 种综合方法排序结果与参照系排序结果的接近程度即相关程度。等级相关系数计算公式如式（5-12）。

$$R = 1 - \frac{6\sum_{i=1}^{n} D_i^{2}}{n(n^2 - 1)} \tag{5-12}$$

式中：R——等级相关系数；

D_i——第 i 个评价对象在参照系中的排序号与在某种无量纲方法中的排序号之差；

n——一组被评价对象的个数。

$|R|$ 值越接近1，则表明两个排序结果越接近。对于 K 种无量纲化方法共有 K 个等级相关系数。

2. 六种无量纲方法下等级相关系数的比较

基于表5-1中用于实验分析的评价指标及其权重，利用倒数一致化方法对逆向指标进行正向一致化，采用线性函数综合评价方法进行综合评价值的计算。因此，本次实验在保证评价指标、指标权重、指标一致化方法及综合评价方法均相同的基础上，利用z-score法、极差化法、极大化法、极小化法、均值化法、秩次法六种无量纲方法分别计算综合评价结果，基于序号总和理论测算等级相关系数以测度各种无量纲化方法相对有效性。综合评价结果及其排序如表5-8所示。

六种无量纲方法下综合评价结果　　表 5-8

地　　区	极差化法	z-score	极小化法	极大化法	均值化方法	秩次法
地区 1	0.435	0.148	3.773	0.561	0.961	4.750
地区 2	0.319	-0.224	4.447	0.485	0.855	6.330
地区 3	0.382	0.018	10.520	0.556	1.138	5.470
地区 4	0.310	-0.220	3.270	0.483	0.904	6.100
地区 5	0.655	0.771	5.551	0.722	1.283	3.190
地区 6	0.520	0.365	5.618	0.629	1.145	3.910
地区 7	0.581	0.578	5.700	0.663	1.195	3.470
地区 8	0.156	-0.698	1.667	0.376	0.650	7.910
地区 9	0.305	-0.276	3.145	0.503	1.081	6.880
地区 10	0.255	-0.462	1.928	0.448	0.788	6.990

在利用六种常用无量纲化方法计算得出各评价对象的综合评价值之后，得出各无量纲化方法下评价对象的排序值；基于上述序号总和理论，通过计算 Spearman 等级相关系数来分析哪种无量纲化方法在本实验环境中相对有效。各种无量纲化方法下的序号总和及序号总和再排序结果如表 5-9 所示。Spearman 等级相关系数计算结果如表 5-10 所示。

各种无量纲化方法下评价结果排序　　表 5-9

地　　区	极差化法	z-score	极小化法	极大化法	均值化法	秩次法	序号总和再排序
地区 1	4	4	6	4	6	4	5
地区 2	6	7	5	7	8	7	8
地区 3	5	5	1	5	4	5	4
地区 4	7	6	7	8	7	6	7
地区 5	1	1	4	1	1	1	1
地区 6	3	3	3	3	3	3	3
地区 7	2	2	2	2	2	2	2
地区 8	10	10	10	10	10	10	10
地区 9	8	8	8	6	5	8	6
地区 10	9	9	9	9	9	9	9

从表 5-10 中可以看出，在倒数一致化方法下，极差化法等级相关系数 R_1 = 0.94，z-score 等级相关系数 R_2 = 0.95，极小化法等级相关系数 R_3 = 0.81，极大化

法等级相关系数 $R_4=0.98$，均值化法等级相关系数 $R_5=0.99$，秩次法等级相关系数 $R_6=0.95$。这说明均值化方法在本实验环境中相对于其他方法来说更为有效。因此，本研究在构建交通运输发展指数时，采用均值化无量纲化方法对评价指标进行无量纲化处理。

Spearman 等级相关系数计算结果　　表 5-10

地　区	极差化法	z-score	极小化法	极大化法	均值化法	秩次法
	排序位置差平方和	排序位置差平方和	排序位置差平方和	排序位置差平方和	排序位置差平方和	排序位置差平方和
地区 1	1	1	1	1	1	1
地区 2	4	1	9	1	0	1
地区 3	1	1	9	1	0	1
地区 4	0	1	0	1	0	1
地区 5	0	0	9	0	0	0
地区 6	0	0	0	0	0	0
地区 7	0	0	0	0	0	0
地区 8	0	0	0	0	0	0
地区 9	4	4	4	0	1	4
地区 10	0	0	0	0	0	0
等级相关系数 R	0.94	0.95	0.81	0.98	0.99	0.95

第六章　评价指标赋权方法研究

指标的无量纲化解决了多个指标的可综合性问题，但为使由多个指标合成的综合评价值更能准确地反映被评价对象的真实情况，还必须对转换后的指标赋予不同的权数。在单项指标已经确定的情况下，不同的权数将导致指数合成结果的不同。因此，权数不仅体现了评价者对评价体系中单项指标重要性程度的认识，也体现了评价指标体系中单项指标评价能力的大小。

第一节　权数的特性

(1)重要性。权数值是一种重要性程度的量化值。从对平均合成值影响大小角度来理解，影响程度大，即为"较重要"，影响程度小，即为"较不重要"。这种重要性意为指标包括对象分辨信息量多少、可靠性大小等含义，同时，重要性相对于一定的加权平均条件而言，在不同的平均条件之下，对同一加权对象的重要性的理解也是不同的。

(2)人工性。权数可理解为"人为构造"的，在通常情况下并没有绝对的对错标准。目前，赋权方法有很多，但没有绝对的理由就认为哪一种赋权方法所得到的权重就是正确的，而应该理解为在特定的加权问题中，由某一种赋权方法所得到的权重相对合理。由于不同权重所得的综合评价结果可能是不同的，因此，在综合评价实践中，必须尽量选择相对科学合理的权数。

(3)主观性。这里所谓的主观性是广义的，由于没有现成的权值体系可以选择和借鉴，需要采用一定的赋权方法计算权数，而选择什么方法进行权数的计算，本身就具有很大的主观性。研究人员通常是根据自己的偏好与熟悉程度，以及评价模型特点来选择相应的赋权方法，因而不可避免地会因人而异。

第二节　常用指标赋权方法

在多指标综合评价或指数编制过程中，各评价指标权数分配不同会直接导致评价对象优劣顺序或指数计算结果的改变。因而，权数的合理性、准确性直接影响评价结果的可靠性。通常情况下，在给各评价指标赋权时要考虑以下几个因素，一是指标变异程度大小，即指标能够分辨出被评价对象之间差异能力的大小；二是指标独立性大小，即与其他指标重复的信息多少；三是评价者的主观偏好。

总体来看，指标赋权方法可以分为两类，一类主观赋权法，评价者根据研究背景环境对指标的重要程度给出人为的评价；一类是客观赋权法，这种方法可以从不同的角度，根据数据的变动规律所提供的信息计算出权数。

一、主观赋权法

主观赋权法是研究者根据其主观价值判断来指定各指标权数的一种方法，常见的有专家评判法。该方法能较好地体现评价者的主观偏好，但由于每个人的主观价值判断标准有差异，因而构建的权数缺乏稳定性。

专家评判法

选择若干专家组成评判小组，各专家独立地对每个评价指标赋予权数，形成一个评判矩阵，对各专家给出的权数进行综合处理得出综合权数。该方法是利用专家的知识、智慧、经验等无法数量化的带有很大模糊性的信息形成对各方面的评价权数，体现了评价者的主观偏好，方法操作简单，原理清楚明了，但权数受主观因素影响较大，不能形成具有说服力而且稳定的一套权数。它适合数据收集困难或者信息量化不易准确的评价项目。

二、客观赋权法

客观赋权法是直接根据指标的原始信息，通过统计方法处理后获得权数的一种方法，常见的有主成分分析法、变异系数法、熵值法等。相对而言，这类方法受主观因素影响较小，它的缺陷在于权数的分配会受到样本数据随机性的影响，不同的样本即使用同一种方法会得出不同的权数。

1. 变异系数法

变异系数是统计中常用的衡量数据差异的统计指标，该方法根据各个指标在所有被评价对象上观测值的变异程度大小来对其赋权。为避免指标的量纲和数量级不同所带来的影响，该方法直接用变异系数归一化处理后的数值作为各指标的权数。

设有 m 项评价指标，有 n 个评价对象，X 为原始数据矩阵，其中 x_{ij} 为第 i 个对象的第 j 个指标数值。计算公式如式(6-1)。

$$X=\begin{bmatrix} X_{11} & X_{12} & \cdots & X_{1m} \\ X_{21} & X_{22} & \cdots & X_{2m} \\ \vdots & \vdots & \vdots & \vdots \\ X_{n1} & X_{n2} & \cdots & X_{nm} \end{bmatrix} \tag{6-1}$$

式中：X——各指标的标准差。

首先，计算各指标的标准差，反映各指标的绝对变异程度。计算公式如式(6-2)。

$$S_j=\sqrt{\frac{\sum_{i=1}^{n}(x_{ij}-\overline{x_j})^2}{n}} \tag{6-2}$$

式中：S_j——第 j 个指标的标准差。

其次，计算各指标的变异系数，反映各指标的相对变异程度。

$$V_j=\frac{S_j}{x_j} \tag{6-3}$$

式中：V_j——各指标的变异。

最后，对各指标的变异系数进行归一化处理，得到各指标的权数。

$$W_j=\frac{V_j}{\sum_{j=1}^{m}V_j} \tag{6-4}$$

式中：W_j——各指标的权数。

变异系数法的基本原理在于变异程度越大的指标对综合评价的影响就越大,权重大小体现了指标分辨能力的大小。但它不能体现指标的独立性大小以及评价者对指标价值的理解,因而在评价指标独立性较强的情况下可以采用。

2. 相关系数法

在构建评价指标时,要尽可能使各评价指标间彼此不能替代,亦即要尽量清除指标间的重复信息。若某评价指标与指标体系中的其他评价指标重复越多,说明该指标的变动越能被其他指标的变动所解释,因而其评价作用就越小,应赋予较小的权数,反之则相反。信息的重复程度可由两指标的相关系数来反映。具体的计算过程如下:

设 P 个评价指标的相关系数矩阵为 R,计算公式如式(6-5)。

$$R=\begin{bmatrix}1 & r_{12} & \cdots & r_{1p}\\ r_{21} & 1 & \cdots & r_{2p}\\ \cdots & \cdots & \cdots & \cdots\\ r_{p1} & r_{p2} & \cdots & 1\end{bmatrix} \tag{6-5}$$

式中:R——评价指标的相关系数矩阵。

假设第 P 个指标 X_p 与其他 $P-1$ 个指标间的多元相关系数 R_p,则对 R 做如下分解:

$$R=\begin{pmatrix}R_{p-1} & r_p\\ {r_p}^T & 1\end{pmatrix}$$

式中:R_{p-1}——$x_1,x_2,\cdots,x_{p-1}$之间的相关系数矩阵,$r_p=(r_{1p},r_{2p},\cdots,r_{p-1p})^T$,故$\rho_p={r_p}^T {R_{p-1}}^{-1} r_p$,这样就可以求所有的多元相关系数。

由于 ρ_i 越大表示指标 x_i 越能被其他 $p-1$ 个指标所代替,其在评价中的作用就越小,应赋予较小的权数。因此,将相关系数求倒数并进行归一化处理得到各指标权数。权数计算公式如式(6-6)。

$$W_i=\left(\frac{1}{\rho_i}\right)\Big/\left(\sum_{j=1}^{p}\frac{1}{\rho_j}\right) \tag{6-6}$$

该方法以各指标的独立性大小作为权数分配的依据,而对于指标变异程度的大小以及评价者的偏好完全没有涉及，因而在评价指标关联程度较大的情况下较为适用。

3. 熵值法

在多目标决策理论中，信息量的大小用熵来表示。熵越大，指标所包括的信息量越小，权重越小；熵越小，指标所包括的信息量越大，权重应越大。用熵值法确定指标权数的具体计算过程为：

首先，将原始指标同趋势化，即将逆向指标、适度指标正向化。

其次，利用比重法将同趋势化后的指标无量纲化处理，公式如式(6-7)。

$$b_{ij}=\frac{x_{ij}}{\sum_{k=1}^{n}x_{kj}} \tag{6-7}$$

式中：b_{ij}——指标无量纲化处理分的数值；

x_{kj}——各项指标的熵值。

再次，计算第 j 项指标的熵值 e_j。

$e_j=-k\sum_{i=1}^{n}b_{ij}\ln b_{ij}$，其中，$k>0$，$e_j\geqslant 0$

最后，计算指标 x_j 的差异系数 $d_j=1-e_j$，如果指标 x_j 在各被评价对象间的数值 x_{ij} 的差异越小，则 e_j 越大，说明此时指标 x_j 在综合评价中的作用越小，应赋予较小的权重；反之则相反。对 d_j 作归一化处理即得到相应指标的权重 W_j，公式如式(6-8)。

$$W_j=\frac{d_j}{\sum_{j=1}^{p}d_j} \tag{6-8}$$

式中：p——为评价指标的个数。

熵值法与变异系数法的基本原理比较相似，也是将原始数据的差异大小作为权重确定的依据，因而数据的独立性以及评价者的偏好在权重中不能得以体现。

4. 主成分分析法

主成分分析是将多个变量通过线性变换以选出较少个数重要变量的一种多元统计分析方法。在很多情形下，变量之间是有一定的相关关系的，当两个变量之间有一定相关关系时，可以理解为这两个变量反映目标的信息有一定的重叠。主成分分析是对于原先提出的所有变量，建立尽可能少的新变量，使得这些新变量是两两不相关的，而且这些新变量在反映问题的信息方面尽可能保持原有的信息。信息的大小通常用离差平方和或方差来衡量。权数的计算步骤如下：

首先，根据事物的特征，确定其评价指标体系 $X_1, X_2, \cdots X_p$；其次，对原始数据进行标准化处理并计算相关系数矩阵 Z，公式如式(6-9)。

$$Z = \begin{bmatrix} Z_{11} & Z_{12} & \cdots & Z_{1p} \\ Z_{21} & Z_{22} & \cdots & Z_{2p} \\ \cdots & \cdots & \cdots & \cdots \\ Z_{n1} & Z_{n2} & \cdots & Z_{np} \end{bmatrix} \tag{6-9}$$

式中：Z——相关系数矩阵。

再次，求相关系数矩阵的特征根 λ 和特征向量 A，并基于特征根计算贡献率 T 和累计贡献率 E；然后，计算主成分得分矩阵 F 和主成分因子的权系数 B，设 Y 为综合变量及综合指标，X 为各指标变量，用矩阵表示为 $Y = FX$，主成分因子的权系数 B 表示为 $B = [b_1 b_2 \cdots b_k]$，$b_i = \dfrac{\lambda_i}{\sum_{i=1}^{k} \lambda_i}$。

最后计算各指标综合得分作为各指标权重并进行归一化处理，计算公式见式(6-10)如下所示。

$$A_i = \sum_{j=1}^{k} B_j \times F_{ij} \qquad (i = 1, 2, \cdots, n; j = 1, 2, \cdots, k) \tag{6-10}$$

5. 灰色综合评价法

灰色系统理论能处理贫信息系统，适用于只有少量观测数据的研究对象。灰色系统理论通过对部分已知信息的生成、开发实现对现实世界的确切描述和认识。灰色系统理论通过关联度分析方法，即根据因素之间发展态势的相似或相异程度来衡量因素间关联程度，以此来评价对象对理想(标准)对象的接近次序。因此，灰色系统理论是从信息的非完备性出发研究和处理复杂系统的理论，通过对系统某一层次的观测资料加以数学处理，达到在更高层次上了解系统内部变化趋势及相互关系。基于灰色关联度的灰色综合评价法是利用各方案与最优方案之间关联度的大小对评价对象进行比较和排序。赋权计算步骤如下：

（1）建立最优集指标及原始数据矩阵。选取各个指标的最优集为 X_0，即 $X_0=(X_{01},X_{02},\cdots,X_{0n})$，其对应的实际数据为：

$$X=\begin{bmatrix} X_{11} & X_{12} & \cdots & X_{1n} \\ X_{21} & X_{22} & \cdots & X_{2n} \\ \vdots & \vdots & \vdots & \vdots \\ X_{t1} & X_{t2} & \cdots & X_{tn} \end{bmatrix} \tag{6-11}$$

式中：X_{ij}——第 i 个评价单元下属的第 j 个指标对应的原始数据，$i=1,2,3,\cdots,t$；$j=1,2,3,\cdots,n$。

（2）数据标准化。由于评判指标间通常是有不同的量纲和数量级，故不能直接进行比较，为了保证结果的可靠性，因此需要对原始指标值进行规范化处理。将最优集和原始数据按公式 $M_{ij}=X_{ij}/X_{0j}$ 标准化可得：

$$M_{\mathrm{m\times n}}=\begin{bmatrix} m_{11} & m_{12} & \cdots & m_{1n} \\ m_{21} & m_{22} & \cdots & m_{2n} \\ \vdots & \vdots & \vdots & \vdots \\ m_{t1} & m_{t2} & \cdots & m_{tn} \end{bmatrix} \quad M_0=(m_{01},m_{02},\cdots,m_{0n}) \tag{6-12}$$

式中：$M_{\mathrm{m\times n}}$——指标标准化后的矩阵。

（3）计算关联系数。关联性实质上是曲线间几何形状的差别，可以将曲线间差值的大小作为关联程度的衡量尺寸。经过前两步对数据进行处理之后，可通过下式进行关联系数的计算：

$$\gamma_{ij}=\frac{\min\limits_{i}\min\limits_{j}|M_{oi}-M_{ij}|+\rho\max\limits_{i}\max\limits_{j}|M_{oi}-M_{ij}|}{|M_{oi}-M_{ij}|+\rho\max\limits_{i}\max\limits_{j}|M_{oi}-M_{ij}|} \tag{6-13}$$

式中：M_o——把规范化的序列 M_o 作为参考序列；

M_{ij}——比较序列；

ρ——分辨系数，其越小，分辨率越大，一般 $\rho\in[0,1]$，具体取值可视情况而定，通常取 $\rho=0.5$。

（4）计算关联度。得出关联系数后，再利用相关公式计算关联度，公式如式（6-14）。

$$\gamma = \frac{1}{n}\sum_{i=1}^{t}\gamma_{ij} \tag{6-14}$$

关联度越大,说明该数列与最优指标越接近,据此,可以对各方案进行排序或进行权重的计算。

(5)计算权重。根据步骤(4)得出的关联度计算各指标的权重,计算公式如式(6-15)。

$$W = \frac{\gamma_{ij}}{\sum_{i=1}^{t}\gamma_{ij}} \tag{6-15}$$

第三节　赋权方法的选择

权数计算是决策科学化、民主化的基础,是实际工作迫切需要解决的问题。每种权数计算方法有它产生的背景,难免存在着局限性和一些不足之处。因此,归纳总结使用常用的权数计算方法时需注意的一些问题,以及各种不同赋权方法的思路、特征、使用范围及其优缺点显得尤为必要。

一、主客观赋权法优缺点分析

(1)对主观赋权法的分析。主观赋权法如专家评判法,其所得权重是在数据采集以前确定的,主要是从定性的角度,根据各个指标的经济意义以及其对所反映概念的作用大小来确定相应指标的权数。主观赋权法能考虑客观的实际情况,使指标的权数更有现实意义,但这类方法不可避免地带有个人的主观随意性,其缺点是忽视了评价指标数字特征本身所蕴含的信息以及容易受专家的知识、经验、偏好等主观因素的影响。

(2)对客观赋权法的分析。由上述对常用赋权方法的阐述可知,客观赋权法主要是从定量分析的角度,根据各个指标的具体数值所提供的信息量的大小来确定相应指标的权重,也就是说。各指标权重是由各指标在被评价对象中的实际数据决定的,如本研究中所述变异系数法、主成分分析法、熵值法、灰色综合评价法等。因此客观赋权法常常仅以数据说话,忽视了专家的知识和经验,有时会出现权重系数不合理的现象，对指标具体的经济意义不够重视。

二、常用赋权法优缺点分析

(1)对专家评判法的分析。专家评判法，也称为专家调查法，其本质上是一种反馈匿名函询法，在对所要预测的问题征得专家意见后，进行整理、归纳、统计，再匿名反馈给各专家，在此征求意见，再集中，再反馈，直至得到一致的意见。专家评判法以其匿名性、反馈性、统计性的特点，充分发挥各位专家的作用，在避免权威人士的意见影响他人意见的同时快速地收集各专家的意见，集各家之所长，提高评价结果的相对客观性。然而，利用专家评判法进行赋权乃至综合评价，在指标赋权时缺少思想沟通交流，存在一定的主观片面性。此外，在第三轮统计调研中，预测组织者一般在这个过程中给出上、下四分点和中位数来表示专家的不同意见的状况，容易使部分专家简单地向中位数靠拢，有意回避提出新的预测意见。

(2)对灰色综合评价法的分析。灰色关联度认为若干个统计数列所构成的各条曲线几何形状越接近，即各条曲线越平行，则它们的变化趋势越接近，其关联度就越大。该方法首先是求各个方案与由最佳指标组成的理想方案的关联系统矩阵，由关联系统矩阵得到关联度，再按关联度的大小进行分析，计算权重并得出结论。采用灰色关联度模型进行评价是从被评价对象的各个指标中选取最优值作为评价的标准。实际上是评价各被评价对象和此标准之间的距离，这样可以较好地排除数据的灰色成分。然而，灰色综合评价法也有其明显的缺点，该方法要求样本数据具有时间序列特性，灰色关联系数的计算还需要确定“分辨系数”，而它的选择并没有一个合理的标准。

(3)对主成分分析法的分析。主成分分析法是将多个指标转化为少数几个互不相关的综合指标的多元统计分析方法。主成分分析法利用各主成分的方差贡献率即该主成分包含原始数据的信息量占全部信息量的比重来确定权数。这种确定权数的方法较为客观，克服了主观评价方法中人为确定权数的缺陷。利用主成分分析法进行多指标评价时也存在一些值得注意的问题。在主成分分析用于多指标评价的过程中，如果对指标不加筛选，可能会加大被重复表述部分信息的权重,造成评价结果的失真,因为从本质上看,主成分分析法仍然属于一种加权和法,只是每一主成分采用了不同的加权系数。这种线性变换不具备改变样本空间中样本点散布状态的功能。此外,主成分分析法完全以评价指标数值为权重计算依据,虽保证了一定的客观性,但在一定程度上忽视了专家的经验和知识在赋权过程中所起的作用。

三、赋权方法的选择

综上所述,主观赋权法如专家评判法其所得权重是在数据采集以前确定的,其缺点是忽视了评价指标数值特征本身所蕴含的信息以及容易受专家的知识、经验、偏好等主观因素的影响。客观赋权法的各指标权重是由各指标在被评价对象中的实际数据决定的,如本研究中所述变异系数法、主成分分析法、熵值法、综合评价法等,其缺点是仅以数据说话,忽视了专家的知识和经验,有时会出现权重系数不合理的现象。

结合前述对主客观赋权方法的分析,本研究得出,交通运输发展指数各评价指标的权重赋值应实现主客观的统一,在主观判断的基础上,以客观权重作为主观权数修正的参考,二者相互结合、综合集成才能为交通运输发展水平的评价指标赋权提供一个更加科学合理的依据。因此,本研究拟选取层次分析法作为交通运输发展指数各评价指标的赋权方法。

1. 层次分析法基本原理

人们在对社会、经济以及管理领域的问题进行系统分析时,面临的经常是一个由相互关联、相互制约的众多因素构成的复杂系统。层次分析法则为研究这类复杂的系统,提供了一种新的、简洁的、实用的决策方法。层次分析法(AHP 法)由美国运筹学学者萨蒂在 20 世纪 70 年代提出的一种决策分析方法,也是一种解决多目标的复杂问题的定性与定量相结合的决策分析方法。该方法将定量分析与定性分析结合起来,用决策者的经验判断各衡量目标能否实现的标准之间的相对重要程度,并合理地给出每个决策方案的每个标准的权数,利用权数求出各方案的优劣次序。该方法把人的思维过程层次化、数量化、并用数学为分析、决策、预报或控制提供定量的依据。尤其适用于那些难以用定量方法解决的课题。

层次分析法根据问题的性质和要达到的总目标，将问题分解为不同的组成因素，并按照因素间的相互关联影响以及隶属关系将因素按不同层次聚集组合，形成一个多层次的分析结构模型，从而最终使问题归结为最低层（供决策的方案、措施等）相对于最高层（总目标）的相对重要权值的确定或相对优劣次序的排定。

2. 层次分析法赋权步骤

（1）建立层次结构模型。把与问题有关的各种因素层次化，然后构造出一个树状结构的层次结构模型，称为层次结构图。一般问题的层次结构图分为三层，包括总目标层（O）、中间层（C）及最低层（P）。目标层表示解决问题的目的，即应用 AHP 所要达到的目标，中间层为实现预定目标所涉及的中间环节，最低层表示解决问题的具体方案。如图 6-1 所示。

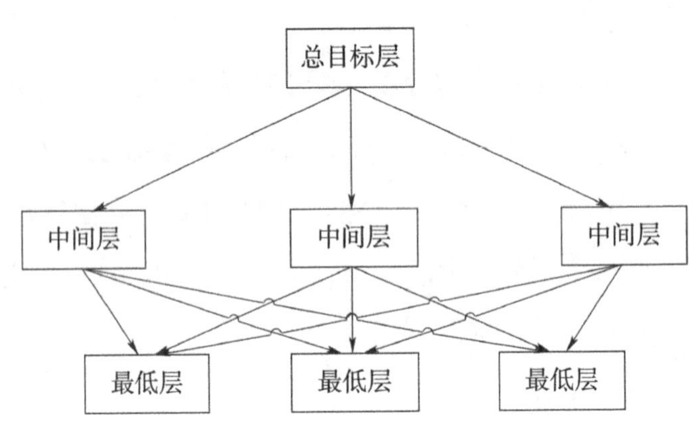

图 6-1　层次结构图

（2）构造判断（成对比较）矩阵。判断矩阵是层次分析法的基本信息，也是进行相对重要度计算的重要依据。构造判断矩阵主要是通过比较同一层次上的各因素对上一层相关因素的影响作用，而不是把所有因素放在一起比较，即将同一层的各因素进行两两对比。比较时采用相对尺度标准度量，尽可能地避免不同性质的因素之间相互比较的困难。同时，要尽量依据实际问题具体情况，减少由于决策人主观因素对结果造成的影响。

设要比较 n 个因素 $C_1, C_2, \cdots, C_n$ 对上一层（如目标层）O 的影响程度，即要确定它在 O 中所占的比重。对任意两个因素 C_i和 C_j，用 a_{ij}表示 C_i和 C_j对 O 的影响程度之比，按 1 ~ 9 的比例标度，如表 6-1 所示，来度量 $a_{ij}(i,j=1,2,\cdots,n)$。于是，可得到两两成对比较矩阵 $A=(a_{ij})_{n\times n}$又称为判断矩阵，显然 $a_{ij}>0$，$a_{ij}=1/a_{ji}$，$a_{ii}=1$，$(i,j=1,2,\cdots n)$

AHP 评价尺度　　表 6-1

成对比较标准	定　义	内　容
1	同等重要	两个要素具有同等的重要性
3	稍微重要	认为其中一个要素较另一个要素稍微重要
5	相当重要	根据经验与判断，强烈倾向某一要素
7	明显重要	实际上非常倾向某一要素
9	绝对重要	有证据确定，在两个要素比较时，某一要素非常重要，即一个要素明显强于另一个要素可控制的最大可能
2、4、6、8		用于上述标准之间的折中值
上述数值的倒数		当甲要素与乙要素比较时，若被赋予以上某个标度值，则乙要素与甲要素比较时的权重就应该是那个标度的倒数

(3)确定相对权重向量。首选，根据公式$\overline{a_{ij}}=a_{ij}/\sum_{k=1}^{n}a_{kj}$，$i,j=1,2,\cdots,n$，把矩阵 A 元素按列归一化；其次，将归一化后的矩阵的同一行的各列相加，即$W_i=\sum_{j=1}^{n}\overline{a_{ij}}$，$i=1,2,\cdots,n$；再次，将相加后的向量除以 n 得到权重向量，即$\overline{W_i}=\frac{\overline{W_i}}{n}$。

(4)一致性检验。通常情况下，由实际得到的判断矩阵不一定是一致的，可利用一致性比例(CR)进行检验。$CR=\frac{CI}{RI}$，其中，CI 为一致性指标，$CI=\frac{\lambda_{\max}-n}{n-1}$，$RI$ 为随机一致性指标，通常由实际经验给定。当 CR 小于 0.1 时，即认为判断矩阵具有满意的一致性，否则就需要调整判断矩阵，使之具有满意的一致性。

(5)根据层次单排序及一致性检验结果，计算层次总排序及组合一致性检验结果。依次沿递阶层次结构由上而下逐层计算，即可计算出最低层因素相对于最高层的相对重要性即权数值。

3. 层次分析法优势分析

层次分析法是一种实用的多准则决策方法，它把复杂的问题分解为各个组成因素，将这些因素按支配关系分组形成有序的递阶层次结构，通过两两比较的方式确定层次中诸因素的相对重要性，然后综合人的判断以决定决策诸因素相对重要性总的顺序。这种方法能够统一处理决策中的定性和定量因素，具有实用性、系统性、简洁性等优点。它主要依靠主观评价做出方案的优劣排序，所需数据量很少且简单易行。从整体上看，它能在复杂决策过程中引入定量分析，并充分利用决策者在两两比较中给出的偏好信息进行分析，既有效地吸收了定性分析的结果，又发挥了定量分析的优势，从而使评价过程具有很强的条理性和科学性。

第七章 交通运输发展指数构建方法及实证研究

第一节 交通运输发展指数构建方法

一、指数的定义与性质

指数的概念有广义和狭义之分。广义的指数泛指反映社会现象在不同时期的数量对比关系的相对数,狭义的指数定义为综合反映由多种要素组成的经济现象在不同时间和空间条件下平均变动的相对数。

指数作为分析的一种特殊统计方法,它主要用于反映事物数量的相对变化程度。概括地讲,指数主要具有以下性质:

1. 相对性

指数是总体各变量在不同场合下对比形成的相对数,它可以度量一个变量在不同时间或不同空间的相对变化。总体变量在不同时间上对比形成的指数称为时间性指数,在不同空间上对比形成的指数称为区域性指数。

2. 综合性

指数是反映一组变量在不同场合下的综合变动水平,没有综合性,指数不可能发展为一种独立的理论和方法体系。综合性说明指数是一种特殊的相对数,它是由一组变量或项目综合对比形成的。

3. 平均性

指数是总体水平的一个代表性数值。平均性包含了两重含义,一是指数进行比较的综合量作为个别量的一个代表,二是两个综合量对比形成的指数反映了个别量的平均变动水平。

二、指数的作用与意义

指数能够用来反映复杂社会经济现象总体的综合变动方向和变动程度,也可以用来分析社会经济现象在长时间内的变化趋势,同时又可以对社会经济现象进行综合评价和测定。因此,指数既可以反映社会经济现象的整体情况,又可以反映不同行业、不同现象等的变动情况。具体的作用体现在以下几个方面:

1. 反映复杂经济社会现象总体的变动方向和程度

指数可以反映复杂经济社会现象总体的综合变动方向和变动程度,这是指数最基本的作用。在研究社会经济现象的变动时,不仅要说明个别现象的变动情况,还要说明由许多个别现象组成的总体的数量总变动情况,而这些组成现象总体的个别事物不能直接相加或不能直接对比,通过编制指数,可以使它们过渡到可以相加、可以对比,从而综合反映现象总体的变动方向和变动程度。

2. 分析现象总体变动中的各个因素的影响方向和影响程度

许多社会经济现象都是复杂的现象,其变动要受多种因素影响。通过编制各种因素或属性层指数,可以分析各因素或事物的各属性影响的方向和影响程度。如分别编制基础设施指数、服务水平指数、绿色发展指数、交通安全指数、经济社会效益指数,分析它们对交通运输发展的影响方向和影响程度。

3. 分析社会经济现象发展水平及变化趋势

随着指数在实际研究及经济运行分析的广泛运用,许多经济现象都可以运用指数进行综合评定,以便对某种经济现象的发展水平做出综合的定量分析与评价。同时,利用连续编制的动态指数数列,可以进行长时间的评价对象发展趋势分析。不仅如此,还可以把相互联系指标的指数数列加以比较分析。

三、指数的分类

根据指数反映现象的特征、范围内容不同,可以把指数进行以下分类:

1. 时间指数和静态指数

根据比较维度的不同,可分为时间指数和静态指数。时间指数又称为动态指数,它是对现象进行时间上的比较后得出的相对结果,可以反映现象在时间上的变化过程和程度,在指数构造过程中任何利用时间序列数据建立的指数均可以看作是时间指数。

静态指数又称为空间指数,反映的是同类现象的数量在相同时间内不同空间的差异程度。

2. 质量指数和数量指数

根据表明的经济指标性质的不同,可以分为质量指数和数量指数。质量指数是表明总体单位水平、工作质量等质量变动的相对数,如价格指数、单位成本指数、劳动生产率指数等。数量指数也为称为物量指数,是表明总体单位数量、规模等数量变动的相对数,如产量指数、销售量指数、职工人数指数等。

3. 个体指数和总指数

根据反映对象范围的不同,可以分为个体指数和总指数。当指数表明某单一要素构成现象变动的相对数时,称为个体指数,如某一种产品或商品的价格相对变动水平就是个体指数。总指数反映多种事物或现象在不同时期上的综合变动程度,其包括综合指数和平均指数,如多种不同的产品或商品的价格综合变动水平就是总指数。

四、指数编制的常用方法

指数的编制方法主要包括了简单指数法和加权指数法。每种指数计算方法又包括若干计算方式。简单指数法不考虑每种事物的重要性或权重,只研究事物某种表象的变化,包括了简单综合法、简单算数平均法、简单调和平均法、简单几何平均法、简单中数法和简单众数法等。加权指数法则将不可度量的多个变量通过加权的方法求得反映复杂现象变化的指数,包括了加权综合指数和加权平均指数法。

下面以价值量为例来介绍指数的编制方法,即以商品价格(P)和数量(Q)

为例,来说明报告期相对于基期的指数编制方法,其中,报告期下标记为 t,基期下标记为0。

1. 简单指数法

简单指数法是指不考虑各指标重要性而编制指数的方法,其实质是排除所反映对象的各自不同的重要性和影响力的方法。

(1)简单综合法。简单综合法又称简单求合法,该方法将报告期内的各物量之和与基期内的各物量之和进行比较,计算公式如式(7-1)。

$$L=\frac{\sum P_t}{\sum P_0} \tag{7-1}$$

式中:L——指数数值;

P_t——报告的价格;

P_0——基期价格。

(2)简单算术平均法。该方法先求得每种商品的个体指数,然后再对所有商品个体指数求简单算数平均。计算公式如式(7-2)。

$$L=\frac{1}{N}\frac{\sum P_t}{\sum P_0} \tag{7-2}$$

(3)简单几何平均法。该方法先求得每种商品的个体指数,然后再对个体指数计算简单几何平均数。计算公式如式(7-3)。

$$L=\sqrt[N]{\Pi\frac{P_t}{P_0}} \tag{7-3}$$

(4)简单中数法。该方法先求得每种商品的个体指数,再从个体指数数列中选取中位数作为指数值。计算公式如式(7-4)。

$$L=\left(\frac{P_t}{P_0}\right)_{\frac{N+1}{2}} \tag{7-4}$$

(5)简单众数法。该方法先求得每种商品的个体指数,再从个体指数数列中的众数作为指数值。计算公式如式(7-5)。

$$L=\left(\frac{P_t}{P_0}\right)_{M0} \tag{7-5}$$

式中：$M0$——众数。

2. 加权综合指数法

加权综合指数法是将不同量度的商品通过加权方法求和，然后以总量指标对比所得到的相对数来说明复杂现象的综合变动的一种指数编制方法。在统计学中，一般把相乘以后使得不能直接相加的指标过渡到可以直接相加的指标的那个因素，称为同度量因素。相加的指标称为指数化因素。

(1)拉式指数。该方法是由德国经济学家埃蒂恩拉斯贝尔在1864年提出的，故也称为拉式指数。在计算时将权重固定在基期，从经济意义上来看，该种计算方法是为了单纯反映指数化因素的综合变动。

拉式物量指数计算公式如式(7-6)。

$$L_Q=\frac{\sum Q_tP_0}{\sum Q_0P_0} \tag{7-6}$$

式中：L_Q——拉式物量指数。

式中，分子是以基期的商品价格作为同度量因素。

拉式物价指数计算公式如式(7-7)。

$$L_p=\frac{\sum Q_0P_t}{\sum Q_0P_0} \tag{7-7}$$

式中：L_p——拉式物价指数；

Q_0P_t——按机器商品数量乘以报告期商品价格计算的替代商品价值量；

Q_0P_0——基期的商品价值量。

(2)派式指数。派式指数公式是由德国经济学家赫尔曼派许在1874年提出的，也称为派式指数公式，该指数的特点就是将同度量因素固定在报告期。从经济意义上来看，将同度量因素固定在报告期是为了在报告期同度量因素条件下，指数化因素的综合变动。

派式物量指数计算公式如式(7-8)。

$$L_Q=\frac{\sum Q_tP_t}{\sum Q_0P_t} \tag{7-8}$$

式中：Q_tP_t——报告期的商量价值量；

Q_0P_t——用报告期商品价格乘以基期商品数量得出的替代价值量，旨在说明在价格保持不变的条件下，商量数量对商量价值量的影响程度。

派式物价指数计算公式如式(7-9)。

$$L_p=\frac{\sum Q_tP_t}{\sum Q_tP_0} \tag{7-9}$$

式中：Q_tP_t——报告期的商品价值量；

Q_tP_0——以报告期商量数量乘以基期商品价格得出的替代商量价值量，旨在说明在商品数量不变的情况下，商品价格水平的变动方向和变动程度。

3. 加权平均指数法

平均指数是根据个体指数加权平均计算的，即核心思想是先求得个体指数，然后对个体指数加以平均得到总指数。加权平均法指数可以包括加权算数平均数指数、加权调和平均数指数和固定权数指数三种。

(1)加权算数平均数指数。加权算术平均指数是对个体指数采用加权算术平均法计算的总指数。计算公式如式(7-10)。

$$L=\frac{Q_t}{Q_0}\times\frac{P_0Q_0}{\sum P_0Q_0} \tag{7-10}$$

式中：$\frac{Q_t}{Q_0}$——个体物量指数。

个体指数的权重就是基期各商品的价值量在所有商品价值量中的比重。

(2)加权调和平均数指数。加权调和平均数指数是对个体指数用加权调和平均法计算的总指数。计算公式如式(7-11)。

$$L=\frac{1}{\sum\frac{1}{K_p}\frac{P_tQ_t}{\sum P_tQ_t}} \tag{7-11}$$

式中：K_p——个体价格指数$\frac{P_t}{P_0}$，报告期各商品的价值量在所有商品价值量中的比重作为该指数的权数。

(3)固定权数指数。加权平均指数法也可以采用固定权数来计算，在实际研究工作中，通常采用经济发展较为稳定的一段时期的价值总量结构（W）作为固定权数，该权数在相当长的一段时间内（一般为5～10年）不变。计算公式如式（7-12）。

$$L = \frac{\sum \frac{Q_t}{Q_0} \times \omega}{\sum \omega} \tag{7-12}$$

采用固定权数的加权平均数指数，不仅可以避免每次编制指数时权数资料来源的问题，而且还便于不同时期指数值的比较。

五、指数编制公式的选取

通过上述内容可知，指数编制的公式及形式多样，究竟需要选取哪一种形式和哪一种公式就成为编制指数的核心问题。具体来说可依据以下经验和原则进行指数编制公式的选取：

1.指数编制公式选取的经验总结

（1）优先选取加权指数法。当前，国内外物价总指数在编制过程中不再使用简单指数法，但某些指数由于其受限于客观条件，无法采用加权指数法计算时，仍旧采用简单指数法公式进行计算。相比较而言，加权指数法，以权数反映对象数量或水平变化的重要性，可充分表现对象在总量与结构的动态变化情况，因此优于简单指数法。在编制指数的过程中，如果不同对象的变化对对象整体产生的影响力不同，那么应尽量创造条件，采用加权指数法进行指数的编制以体现对象不同组成部分在对象总体中发挥的作用大小。

（2）考虑现有的统计基础。在选取指数编制公式时，应充分结合现有的统计基础所能获取的统计指标数据。例如，在计算股票价格指数时，由于股票交易是通过电子系统进行的，通过电子系统记录了每一项交易的价格、数量，因此在选取指数编制公式时选择的范围相对来说就比较广泛。

（3）保证计算的简明性和结果的敏感性。例如，在简单指数法中，简单算术平均指数法比间单几何平均指数法寓意更加明确，计算简便；简单算术平均指数法比简单中位数和简单众数指数法计算的结果敏感性强。因此，在物价指数的编制过程中,简单算术平均指数法应用频率较高。

2. 指数编制公式的选取

结合上述所列的简单指数编制方法看,简单综合法所计算结果易受计量单位的影响,简单算术平均法默认各指标的权数均为 1 不符合实际情况,简单中数法与简单众数法在指标数量较少的情况下代表性不充分且不易产生众数、在指标数量较多的情况下计算结果缺乏稳定性、灵敏度交叉。因此,简单指数法没有结合评价对象的相对重要性和影响力,在实际研究工作中不是指数编制公式的首选。

在利用综合指数法编制总指数时,不管选择哪一种指标作为同度量因素,当把不同指数化因素转化为可直接相加的指标时,如果研究的对象范围领域涵盖范围较广,包括的评价对象属性种类较多时,要获取两个时期甚至多个时期的指标数值及对应权重是相当困难的。

因此,本研究选取算术加权指数法进行指数的编制工作,该方法不仅结合了各评价指标的"相对重要地位"来反映研究对象的动态演变,权数的设置只需考虑一个时期的即可,在实际工作中操作性较强。指数编制的具体流程及每个流程所使用的方法,如图 7-1 所示。

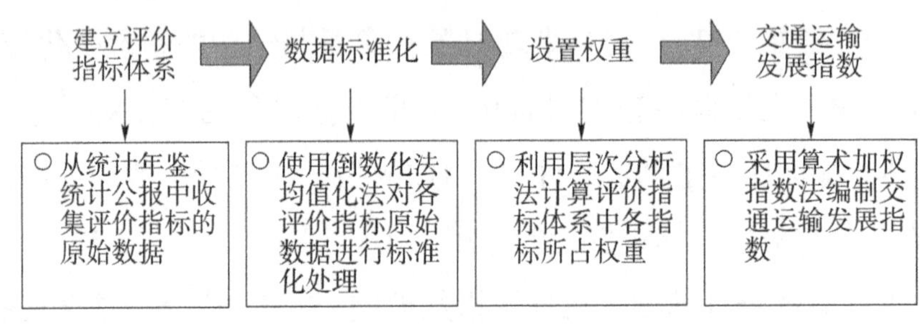

图 7-1　交通运输发展指数编制流程图

第二节　交通运输发展指数构建实证研究

本部分将基于前述章节建立的评价指标体系,选取 2008 年—2017 年的年度统计数据进行指数的建立及应用分析。

一、基础数据的标准化处理

基础数据的标准化处理包含数据的一致化和无量纲化两个步骤，采用倒数化方法进行数据的一致化处理，将负向指标正向化；利用均值化法将数据无量纲化，为指数的合成做好准备。数据标准化处理结果如表7-1所示，其中铁路复线率、公路密度、高等级航道里程规模占比、全国港口万吨级及以上泊位个数、空调车占比、营业性载货汽车平均吨位、营业性运输船舶平均净载重量、运输飞机期末在册架数、综合交通运输单位换算周转量能耗、水路及铁路运输周转量占全社会运输周转量的比重、公铁绿化里程、铁路每百亿吨公里死亡率、道路交通事故起数、运输船舶水上交通死亡失踪人数、人均交通运输、仓储及邮政业增加值及交通运输从业人员数占社会人口数比重依次记为 X_1、X_2、X_3、X_4、X_5、X_6、X_7、X_8、X_9、X_{10}、X_{11}、X_{12}、X_{13}、X_{14}、X_{15}、X_{16}。

基础数据标准化处理结果　表7-1

时期	X_1	X_2	X_3	X_4	X_5	X_6	X_7	X_8	X_9	X_{10}	X_{11}	X_{12}	X_{13}	X_{14}	X_{15}	X_{16}
2008	0.78	0.87	0.87	0.73	0.79	0.73	0.52	0.59	0.92	1.06	0.76	0.81	0.77	0.74	0.67	0.73
2009	0.83	0.90	0.87	0.81	0.85	0.78	0.64	0.66	0.98	1.05	0.80	0.75	0.86	0.77	0.67	0.77
2010	0.88	0.94	0.91	0.86	0.91	0.86	0.78	0.75	1.03	1.05	0.88	0.70	0.93	0.79	0.76	0.75
2011	0.91	0.96	0.92	0.91	0.88	0.93	0.92	0.82	1.05	1.02	0.93	1.06	0.97	0.89	0.88	0.77
2012	0.96	0.99	0.96	0.98	0.94	0.97	0.99	0.91	1.03	1.00	1.00	0.83	1.00	0.94	0.95	0.98
2013	1.01	1.02	0.98	1.04	1.01	1.02	1.09	1.00	0.99	0.98	1.04	0.82	1.03	0.98	1.04	1.19
2014	1.09	1.04	1.04	1.09	1.13	1.07	1.16	1.11	1.05	0.98	1.08	0.91	1.04	1.05	1.13	1.22
2015	1.15	1.07	1.10	1.15	1.14	1.13	1.27	1.24	0.98	0.96	1.13	1.19	1.09	1.17	1.20	1.21
2016	1.18	1.10	1.15	1.20	1.16	1.21	1.28	1.38	0.98	0.96	1.17	1.36	1.14	1.28	1.30	1.20
2017	1.21	1.11	1.19	1.23	1.18	1.30	1.37	1.54	0.98	0.95	1.21	1.55	1.19	1.37	1.40	1.19

二、权重设置

权重用以衡量各基础指标的相对重要性，由于层次分析法能利用决策者在两两比较中给出的信息进行分析，既具有专家评判法能借鉴行业内相关专家宝贵经验的优点又充分发挥了定量分析的优势，是一种定性分析与定量计算相结合的评价方法,因此结合前述章节的研究分析,选择层次分析法进行权重的计算。通过建立的评价指标体系,在咨询行业内有关专家的基础上,将各指标进行两两比较,构建了判断矩阵。判断矩阵构造结果如表7-2~表7-7所示,其中λ_{max}表示最大特征根,*CI*表示一致性指标,*RI*表示随机一致性指标,*CR*表示一致性比例。

目标层-属性层判断矩阵(B_0) 表7-2

交通运输发展指数	基础设施	服务能力	绿色发展	交通安全	经济社会效益
基础设施	—	3	5	5	4
服务能力	—	—	3	3	3
绿色发展	—	—	—	1	1/2
交通安全	—	—	—	—	1/2
经济社会效益	—	—	—	—	—

基础设施-指标层判断矩阵(B_1) 表7-3

基础设施	铁路复线率	公路密度	高等级航道里程规模占比	全国港口万吨级及以上泊位个数
铁路复线率	—	3	2	2
公路密度	—	—	3	2
高等级航道里程规模占比	—	—	—	1
全国港口万吨级及以上泊位个数	—	—	—	—

服务能力-指标层判断矩阵(B_2) 表7-4

服务能力	空调车占比	营业性载货汽车平均吨位	营业性运输船舶平均净载重量	运输飞机期末在册架数
空调车占比	—	3	3	2
营业性载货汽车平均吨位	—	—	2	2
营业性运输船舶平均净载重量	—	—	—	1/2
运输飞机期末在册架数	—	—	—	—

绿色发展-指标层判断矩阵(B_3)　　表 7-5

绿色发展	综合交通运输单位换算周转量能耗	水路及铁路运输周转量占全社会运输周转量的比重	公铁绿化里程
综合交通运输单位换算周转量能耗	—	1	1
水路及铁路运输周转量占全社会运输周转量的比重	—	—	1
公铁绿化里程	—	—	—

交通安全-指标层判断矩阵(B_4)　　表 7-6

交通安全	铁路每百亿吨公里死亡率	道路交通事故起数	运输船舶水上交通死亡失踪人数
铁路每百亿吨公里死亡率	—	4	3
道路交通事故起数	—	—	2
运输船舶水上交通死亡失踪人数	—	—	—

经济社会效益-指标层判断矩阵(B_5)　　表 7-7

经济社会效益	人均交通运输、仓储及邮政业增加值	交通运输从业人员数占社会人口数比重
人均交通运输、仓储及邮政业增加值	—	3
交通运输从业人员数占社会人口数比重	—	—

在构造各层次判断矩阵的基础上，利用方根法计算了各属性层及指标层指标权重并对判断矩阵进行了一致性检验。目标层与属性层构造的判断矩阵记为 B_0，基础设施、服务能力、绿色发展、交通安全及经济社会效益属性层与相应的指标层指标构造的判断矩阵分别记为 B_1、B_2、B_3、B_4、B_5，属性层及指标层权重计算结果如表 7-8 所示。

属性层及指标层权重计算结果　　表 7-8

属性层	属性层权重	指标层	指标层权重
基础设施	0.481 6	铁路复线率	0.423 3
		公路密度	0.270 6
		高等级航道里程规模占比	0.145 3
		全国港口万吨级及以上泊位个数	0.160 8

续上表

属　性　层	属性层权重	指　标　层	指标层权重
服务能力	0.238 9	铁路空调车占比	0.456 5
		营业性载货汽车平均吨位	0.238 1
		营业性运输船舶平均净载重量	0.119 1
		运输飞机期末在册架数	0.186 3
绿色发展	0.078	综合交通运输单位换算周转量能耗	0.333 3
		水路及铁路运输周转量占全社会运输周转量的比重	0.333 3
		公铁绿化里程	0.333 4
交通安全	0.078	铁路每百亿吨公里死亡率	0.630 1
		道路交通事故起数	0.218 4
		运输船舶水上交通死亡失踪人数	0.151 5
经济社会效益	0.123 5	人均交通运输、仓储及邮政业增加值	0.750 0
		交通运输从业人员数占社会人口数比重	0.250 0

在计算各层次权重值之后，对判断矩阵的一致性进行检验，判断各矩阵的最大特征根、一致性指标、随机一致性指标、一致性比例计算结果如表 7-9 所示。

判断矩阵一致性检验结果　　　　表 7-9

矩 阵 名 称	B_0	B_1	B_2	B_3	B_4	B_5
λ_{max}	5.111 3	4.232 5	4.142 5	3	3.107 8	2
CI	0.027 8	0.077 5	0.047 5	0	0.053 9	0
RI	1.12	0.9	0.9	0.58	0.58	1E-6
CR	0.024 8	0.086 1	0.052 8	0	0.093 0	0

由表 7-9 显示的判断矩阵一致性检验结果可知，判断矩阵 B_0、B_1、B_2、B_3、B_4、B_5的一致性比例分别达到 0.024 8、0.086 1、0.052 8、0、0.093 0 和 0，均小于 0.1，因此各判断矩阵达到了满意一致性指标，通过一致性检验，矩阵计算结果可信。

三、指数编制

采用算术加权合成模型编制交通运输发展指数。属性层指数构建模型计算公式如式：$V_i = \sum_{i=1}^{n} Y_i \times U_i$，其中，$V_i$为某一属性层指标指数；$Y_i$为第 i 个指标层指标经过标准化后的值；U_i为指标层指标在该属性层对应的权重；n 为该属性层指标涉及指标层指标项数。

交通运输发展指数构建模型为：$ITDI=\sum_{i=1}^{r}V_i\times W_i$，其中，ITDI 为交通运输发展指数；$V_i$为某一属性层指标指数；$W_i$为属性层指标在目标层对应的权重；$r$ 为目标层指标涉及属性层指标项数。ITDI 及其属性层指数构建结果如图 7-2 所示，ITDI 指数同比值与 GDP 增速对比情况如图 7-3 所示。

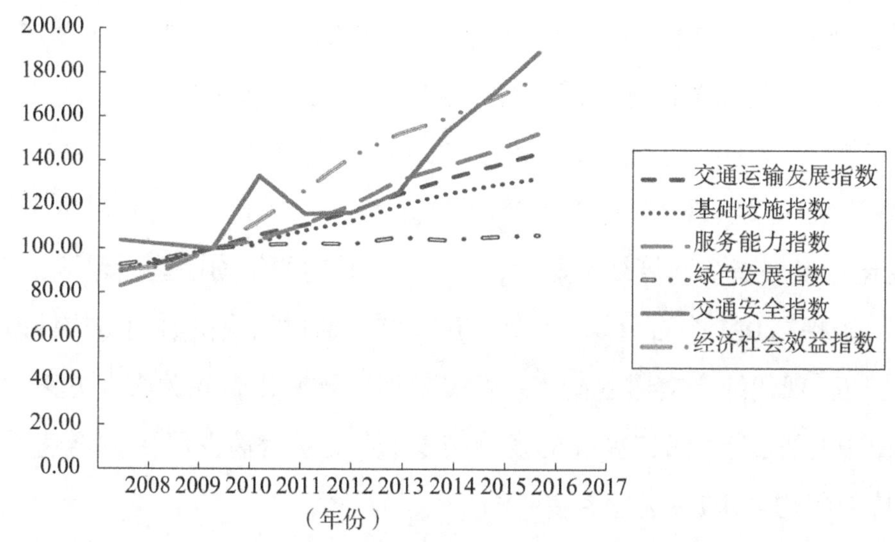

图 7-2　ITDI 指数及各属性层指数走势图

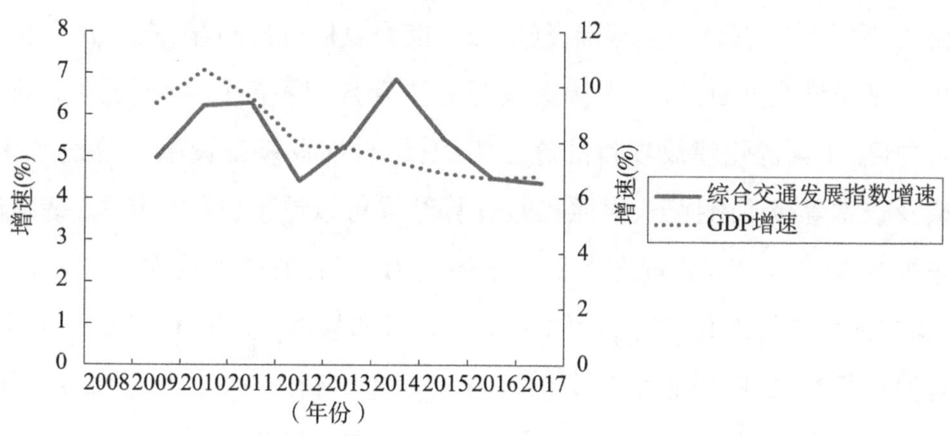

图 7-3　ITDI 指数同比值与 GDP 增速对比图

四、指数结果分析

从图 7-2 可知，ITDI 指数变动趋势与国内生产总值的变动趋势大体一致，可以进一步研究二者之间的关系。因此，本章节从 ITDI 指数的总体发展情况、各属性层指数的变动情况以及 ITDI 指数与 GDP 的关系三方面来进行指数结果的分析。

1. 交通运输总体发展情况分析

根据图 6-1 测算的 2008—2017 年纵向可比的全国交通运输发展指数结果,我国交通运输发展水平总体上呈现稳定的上涨态势,发展成效显著。2009 年,受全球金融危机影响,交通运输行业受到一定冲击,但交通行业主管部门通过制定保持交通运输平稳发展的相关措施使得交通运输在“十一五”末的增长速度达到 5.6%。“十二五”期间,交通固定资产投资超过 12.5 万亿元,是“十一五”期的 1.6 倍,为交通运输发展阶段实现由“总体缓解”向“基本适应”的重大跃升提供了重要保障,交通运输发展指数计算结果显示,“十二五”时期的年均增速达到了 5.7%,较“十一五”末提高 0.1 个百分点。“十三五”时期,通过加快供给侧结构性改革、编制《“十三五”现代综合交通运输体系发展规划》、配套出台相关实施方案,交通运输发展稳中有进,继续保持良好的发展势头,从交通运输发展指数增速看,增长速度保持在年均 4.4% 左右。

2. 交通运输各属性层发展水平分析

由图 7-1 可知,综合交通基础设施、服务能力发展成效凸显,交通安全状况有喜有忧。基础设施方面,近年来国家及行业主管部门不断加大对交通基础设施的投资力度,不断优化建设项目的施工组织,综合交通基础设施的建设效率、建设规模及技术等级不断提升,对照指数计算结果可以看出,近 10 年来,基础设施指数增速保持在 4.3% 的较高水平。服务能力方面,通过加快淘汰老旧运输装备、推动内河船型标准化工作,运输设备在数量和性能上均取得了长足的提升,对照指数计算结果,服务能力指数 10 年年均增速达到 7.0%。安全保障方面,交通运输行业以安全管理规范化为抓手,深入推进安全风险管理,不断健全安全管理职责体系,事故率整体呈下降态势,对照指数计算结果,交通安全指数年均增速达到 6.9%,交通安全总体水平不断提高。与此同时,由于部分地方在安全整治方面有所停滞放松,没有根据季节性和生产作业变化的情况针对性的进行监督检查等原因,交通安全在 2009 年、2012 年出现波动,安全指数呈下降态势。各属性层指计算结果如表 7-10 所示。

各属性层指数值　　表 7-10

时　期	基础设施指数	服务能力指数	绿色发展指数	交通安全指数	经济社会效益指数
2008	90.25	83.03	92.56	103.67	90.33
2009	95.01	90.51	95.75	101.85	91.81
2010	100.00	100.00	100.00	100.00	100.00
2011	103.13	104.00	101.59	132.98	112.67
2012	108.33	111.19	102.45	115.89	126.60
2013	112.64	119.94	102.08	116.41	142.04
2014	119.42	130.99	105.33	125.71	152.16
2015	124.92	137.50	104.06	152.70	159.13
2016	128.91	144.24	105.51	170.23	168.26
2017	132.12	152.60	106.37	189.34	177.90

值得注意的是，根据各属性层指数计算结果，绿色发展指数 10 年年均增速仅为 1.6%，相对其他属性层发展较为缓慢。本研究认为，主要是由于公路货物运输量占全社会货运量比重较大（统计数据显示，公路货物运输量占比高达 78%），铁路、水路货物运输量占比较小造成的。根据运输经济学理论，公路运输不适宜大批量运输，能源消耗较多，易污染环境。因此，应该有效引导公路承担的货物运输转由铁路、水路进行运输，而这正是国家所提倡和支持的发展方向。为打赢蓝天保卫战、打好污染防治攻坚战，国务院办公厅印发了推进运输结构调整三年行动计划（2018 年—2020 年）的通知，通知中提到到 2020 年，全国货物运输结构明显优化，铁路、水路承担的大宗货物运输量显著提高。

3. 交通运输与国内生产总值的定量分析

从图 6-2 可见，ITDI 指数变动趋势与国内生产总值的变动趋势大体一致，可以从相关分析和回归分析两方面进一步研究二者的定量关系。

（1）相关分析

基于 SPSS 软件，结合皮尔逊相关系数分析法，对我国 ITDI 指数与国内生产总值进行相关分析，分析结果如表 7-11 所示。

相关分析结果　　表7-11

—	—	交通运输发展指数	国内生产总值
交通运输发展指数	Pearson 相关性	1	0.996
	显著性(双侧)		0.000
	N	10	10
国内生产总值	Pearson 相关性	0.996	1
	显著性(双侧)	0.000	
	N	10	10

从表7-11相关分析结果可知,ITDI指数与国内生产总值(GDP)之间存在较高的正相关关系,相关系数达到0.996,非常接近1,表示二者的关系密切,可进一步做回归分析,揭示并确定ITDI指数与国内生产总值之间的关系。

(2)回归分析

使用SPSS软件、利用ITDI指数与国内生产总值2008年—2017年统计数据建立回归模型。回归统计及相关t值检验结果如表7-12、表7-13所示。

回归模型信息　　表7-12

模型	判定系数 R^2	调整的判定系数 R^2	标准估计的误差 $S.E$
1	0.991	0.990	165 27.128 9

回归系数　　表7-13

模型	非标准化系数		标准化	检验统计量 T	伴随概率 $Sig.$
	回归系数 B	标准误差	回归系数		
常量	-484 811.074	347 52.815		-13.950	0.000
交通运输发展指数	903 1.133	297.337	0.996	30.373	0.000

回归模型及回归系数计算结果显示,调整的判定系数R^2为0.990,回归系数及常数项的t检验值分别为30.373、-13.950,相应的P值均为0.000。按给定的显著性水平为0.05,对比上述t检验值、相应P值,可知回归系数通过检验,建立的回归方程拟合效果较好,可用自变量的变化趋势来解释及说明因变量的变化情况。

因此,回归方程可以采纳,可基于ITDI指数数值预测GDP数值用以判定经济的发展趋势。取如下方程为国内生产总值的测算方程,代入X值测算得出Y

值。公式中，X 表示 ITDI 指数数值；Y 表示需要测算的对应年份国内生产总值（GDP）。

国内生产总值测算方程：$Y = 903\ 1.133 \times X - 484\ 811.074$，利用 2008 年—2017 年构建得出的 ITDI 指数，结合上述回归模型重新拟合 2008 年—2017 年 GDP 数值，拟合结果如表 7-14 所示。

GDP 拟合结果　　表 7-14

年份(年)	2008	2009	2010	2011	2012	2013	2014	2015	2016	2017
拟合值（万亿元）	32.56	36.51	41.83	48.20	52.37	57.92	65.35	72.00	77.70	83.59
实际值（万亿元）	31.92	34.85	41.21	48.79	53.86	59.30	64.13	68.60	74.01	82.08

通过以上的回归模型及回归结果可知，交通运输发展指数每增加一个单位，GDP 将增加 903 1.133 亿元，因此可采取相应措施加快交通运输的发展进度以促进经济的发展，这与国家及行业主管部门对交通运输的发展定位不谋而合。通过回归模型拟合的 GDP 值与实际的 GDP 值相比较可知，拟合值与真实值近十年来的平均误差约为 2.8%，拟合的精度较高。因此可基于回归模型及编制的交通运输发展指数来预测未来年度的 GDP 值，用以反映国家经济水平的发展趋势及大体规模，为国家制定相应的政策提供定量化的参考依据。

第八章　交通运输发展指数构建系统功能设计与使用指南

综合运输发展水平评价范围涉及基础设施、服务能力、交通安全、绿色发展及经济社会效益五大领域，共16项评价指标，涉及的指标较多、评价过程较为复杂且指数计算运用的公式种类繁多，对交通运输管理部门来说迫切需要提高评价过程的效率，减少人工计算指数结果的时间。因此，开发交通运输发展指数构建系统能够有效地为行业管理部门自动化的计算指数结果，辅助其完成日常的评价管理工作。本章主要介绍交通运输发展指数构建系统的功能与系统使用指南。

第一节　功能设计思路

一、应用场景

交通运输发展指数构建系统的应用对象为交通运输部，交通运输部有关人员通过本系统对我国历年的交通运输发展指数进行测算并形成评估结果作为日常制定政策、实施行业指导的量化依据。省级及以下交通运输行业主管部门可参照本系统的计算过程结合地方实际，在充分考虑地方统计基础及数据可获得性的条件下对本系统进行适当扩展和改造。本系统的开发和使用有助于行业管理部门正确认识本辖区范围内交通运输发展水平，查找不足之处，有针对性的补齐短板从而提高交通运输整体发展水平及运行效率。

二、设计目标

1. 总体目标

通过使用现代的数据处理技术、通信技术等相关计算机技术开发交通运输发展指数构建系统,实现对交通运输包含的基础设施、服务能力、交通安全、绿色发展及经济社会效益五大领域业务数据的统一管理,从而了解全国交通运输整体的发展水平。同时,基于软件系统提供的统计分析功能实现对不同地区间交通运输发展水平的横向对比及同一地区间不同时期发展水平的纵向比较,为行业管理部门摸清现状,发现问题,制定相关政策提供参考依据。

2. 具体目标

(1)按照行政区划对各地区交通运输发展水平评价涉及的16项指标基础数据进行收集、存储、汇总及按照用户需求、不同指标、不同时期等不同维度进行查询等功能。

(2)按照无量纲化方法的既定计算步骤,对16项交通运输发展水平评价指标进行无量纲化处理。

(3)按照层次分析法的计算原理和计算方法,在结合专家知识经验的基础上对16项评价指标进行权重的计算。

(4)遵循加权算术平均模型编制指数的计算步骤,在完成评价指标无量纲化的基础上,结合各指标权重进行交通运输发展指数的编制。

3. 系统功能框架

系统功能框架,如图8-1所示。

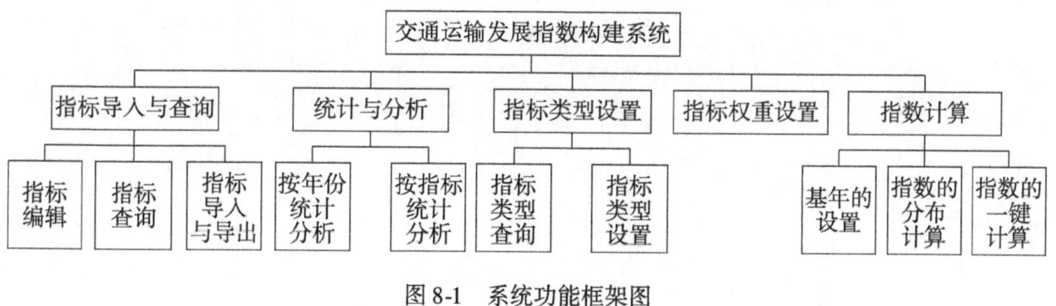

图8-1　系统功能框架图

第二节　软件系统使用指南

1. 软件简介

交通运输发展指数构建系统采用Visual Studio作为开发工具进行开发,编程语言为 C#4.0,同时结合本书中的理论成果,通过输入评价指标体系中确定的16项评价指标原始数据,采用指标标准化方法与交通运输发展指数构建方法,自动测算得出各行政区域交通运输发展指数数值,从而为评价综合运输服务发展水平提供定量化的依据。此外,软件还设置了指标录入与查询、指标统计与分析、指标类型设置、权重设置、交通运输发展指数分布计算与一键计算等模块,可满足交通运输发展指数构建过程中的指标数据录入、交通运输发展指数计算以及结果展示与输出等各种业务需求。

2. 软件安装环境

(1)硬件环境。标准配置:CPU 为双核 2.0GHz 及以上;内存为 2G 及以上;硬盘为 100G 及以上。

(2)软件环境。操作系统:WinXP/Win7/Win10;办公软件:Excel97 以上。

3. 软件主要功能操作步骤

(1)系统登录。双击"交通运输发展指数构建系统"图标,进入系统的主界面。系统主界面如图 8-2 所示,菜单栏包括指标录入与查询、指标统计与分析、指标类型设置、权重设置、指数计算等模块,各模块的功能将会在后文进行详细使用介绍。

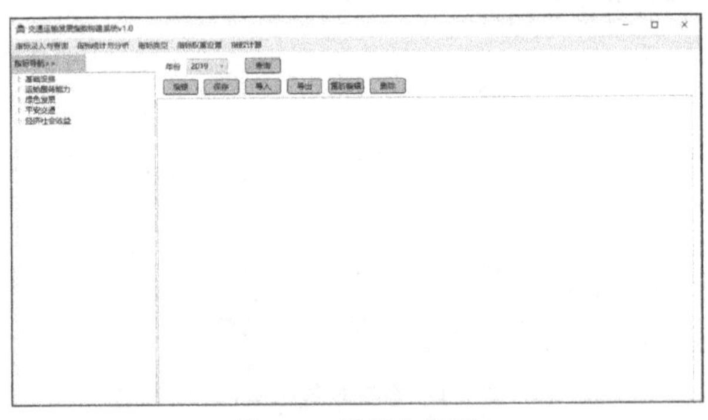

图 8-2　系统主界面

(2)指标录入与查询。本模块的功能包括:指标编辑、指标保存、指标查询、指标导入、指标导出、指标重新编辑、指标删除。

①指标查询。首先在指标导航窗口选择指标类别(指标类别包括基础设施、服务能力、绿色发展、交通安全、经济社会效益),并选定查询年份,然后点击"查

询”,系统将根据用户的选择显示具体的指标及相应的值,如图 8-3 所示。

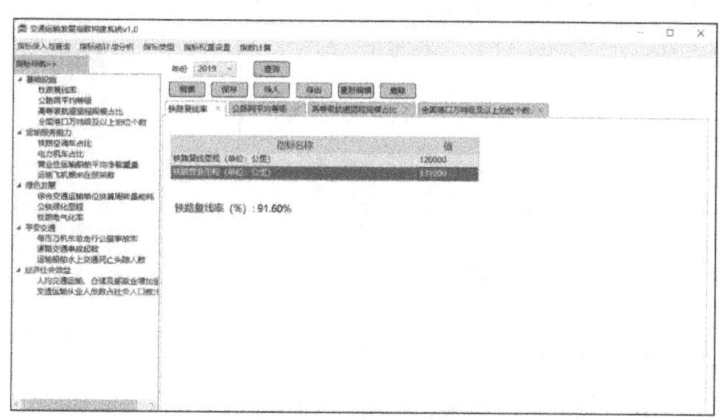

图 8-3　指标查询

②指标编辑。指标编辑前需进行指标查询操作,此时各指标表格呈灰色,处于不可编辑状态,如图 8-4 所示,点击“编辑”后各指标表格呈白色,可编辑相应的指标,如图 8-5 所示。

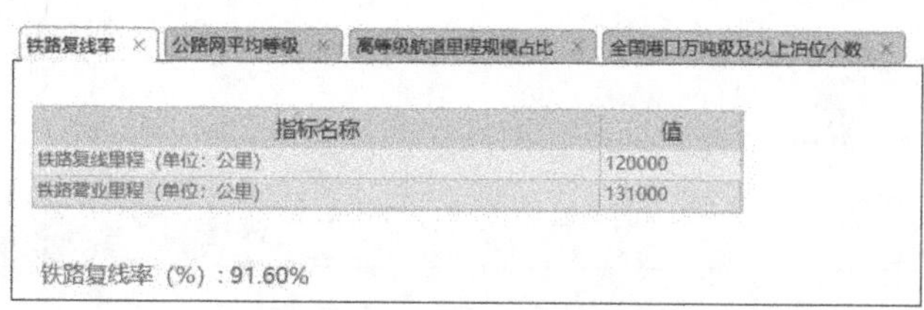

图 8-4　指标不可编辑状态

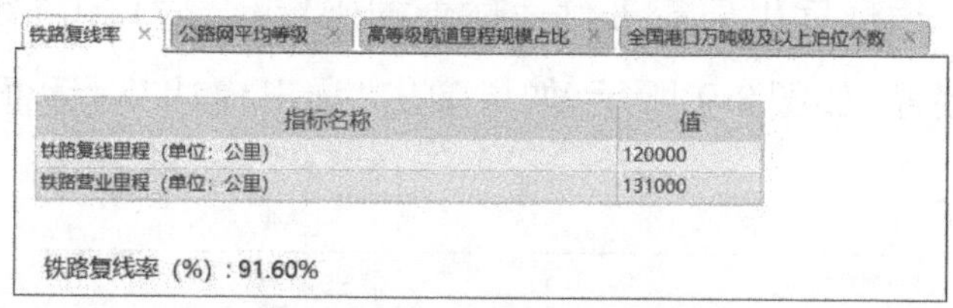

图 8-5　指标可编辑状态

③指标重新编辑。指标重新编辑前需进行指标查询操作,如果此时处于指标编辑状态,点击“重新编辑”则会清空当前编辑的某条指标,如果此时处于指标不可编辑状态,点击“重新编辑”则会清空当前所选的指标内容,且使指标进入编辑状态,可对其进行重新编辑,如图 8-6 所示。

④指标保存。编辑完成后,点击“保存”即可保存指标录入数据。指标编辑界面变成灰色。

⑤指标删除。指标删除前需进行指标查询操作,点击“删除”,弹出确认框,点击“确定”则删除查询时所选年份的指标数据,如图 8-7 所示。

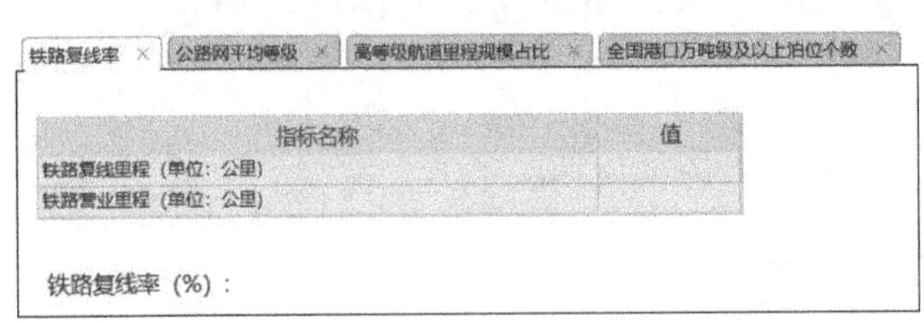

图 8-6　指标重新编辑

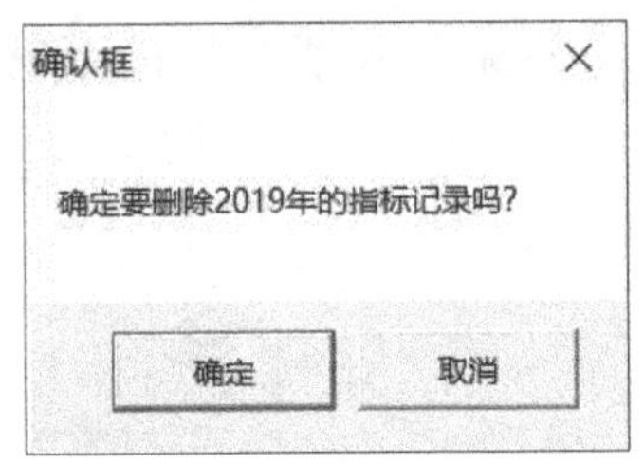

图 8-7　指标删除确认框

⑥指标导入。点击“导入”按钮，选择需要导入的指标文件，如图 8-8 所示，如果弹出“保存成功”对话框，则指标导入成功，否则导入失败。

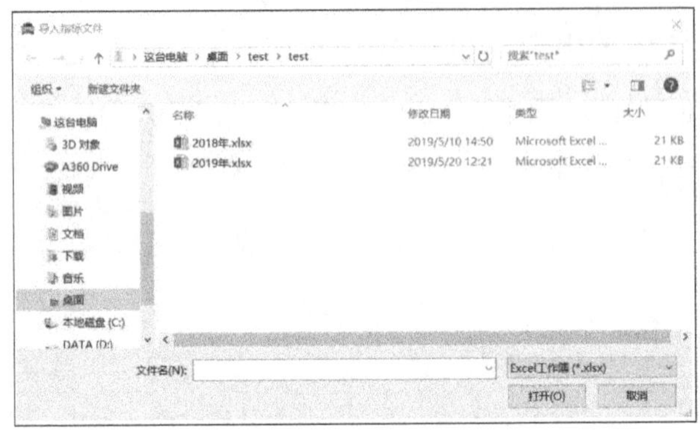

图 8-8　选择导入指标文件

⑦指标导出。指标导出前需进行指标查询操作，然后点击“导出”按钮，编辑导出的指标文件路径，如图 8-9 所示，如果弹出“导出成功”对话框，则指标导出成功，否则导出失败。

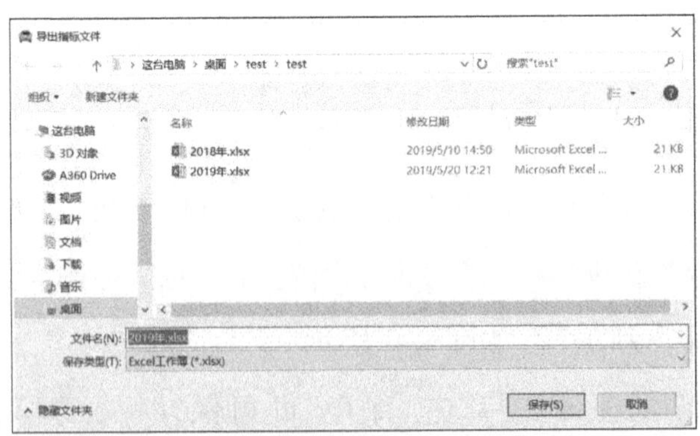

图 8-9　选择导出指标文件

(3)指标统计与分析。指标统计与分析模块可根据检索条件对指标进行交叉统计和分析，绘制相应柱状图、折线图、饼图和表格。检索条件分为两类：年份、指标。

绘制统计图的方法为勾选单个或多个年份、单个或多个指标，然后点击“查询”，绘制单个或多个年份的单个或多个指标对比图和表，相应的柱状图、折线图、饼图分别如图8-10～图8-12所示。

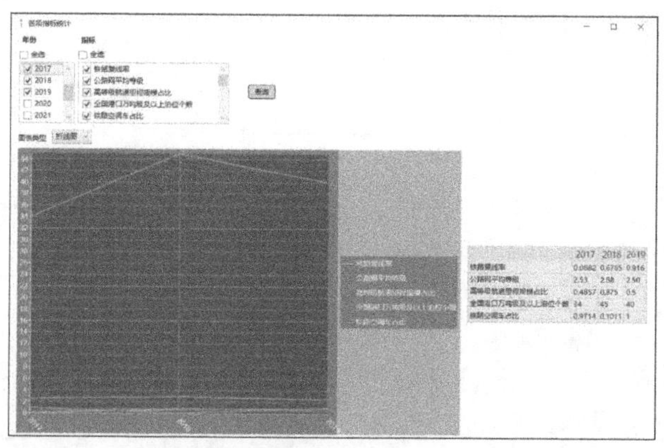

图8-10　柱状图

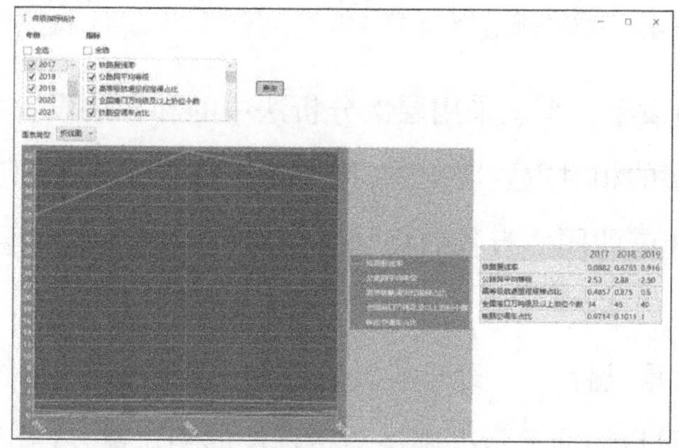

图8-11　折线图

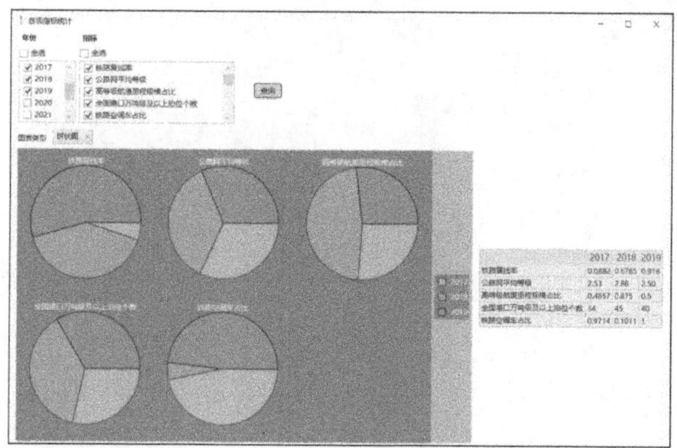

图8-12　饼图

(4)指标类型查询与设置。根据指标性质及表现形式的不同,综合评价指标可分为三种类型,正指标、逆指标和适度指标。点击“查询”,显示所有指标的类型与指标一致化所需的相关参数,如图 8-13 所示。

点击“编辑”后弹出“指标类型设置”窗口,可编辑指标类型与指标一致化所需的相关参数,如图 8-14 所示。

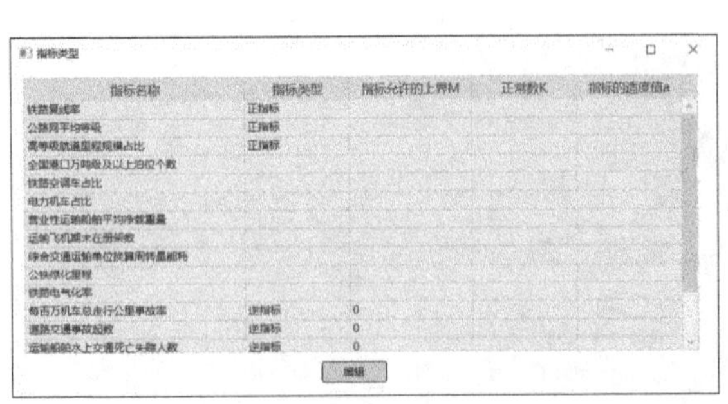

图 8-13　指标类型查询

图 8-14　指标类型编辑

(5)指标权重设置。系统采用层次分析法中的和积法设置指标权重,首先设置准则层与指标层的相对重要性矩阵,接着将矩阵中元素按列进行归一化处理,最后将归一化后矩阵的同一行各列相加并除以列数得到准则层各准则与指标层各指标的权重。

点击“指标权重设置”,得到准则层的相对重要性矩阵,如图 8-15 所示,通过“指标名称”选项可以切换显示准则层与指标层的相对重要性矩阵。

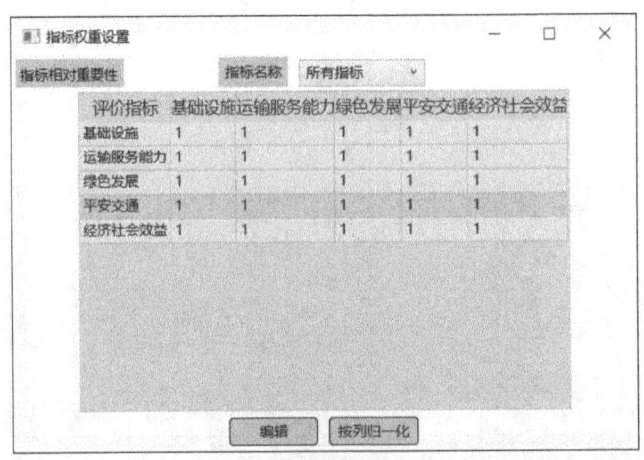

图 8-15　相对重要性矩阵

点击“编辑”弹出相对重要性编辑窗口，可编辑指标的相对重要性，如图 8-16 所示。

相对重要性编辑
基础设施 运输服务能力 绿色发展 平安交通 经济社会效益
基础设施 1 1 1 1 1
确定

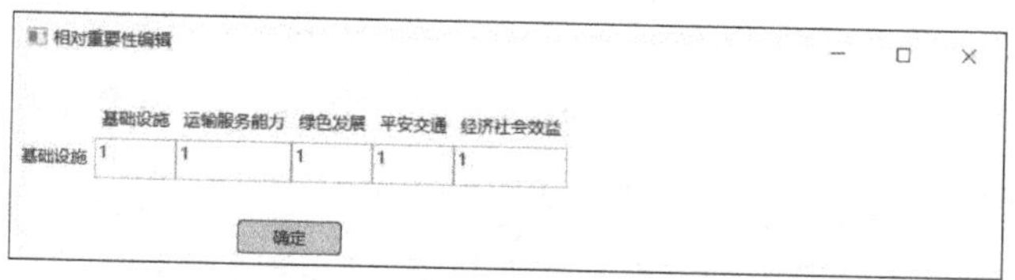

图 8-16　相对重要性矩阵编辑

在相对重要性矩阵窗口，点击“按列归一化”，得到按列归一化后数据窗口，如图 8-17 所示，然后点击“计算权重”，得到指标权重窗口，如图 8-18 所示。

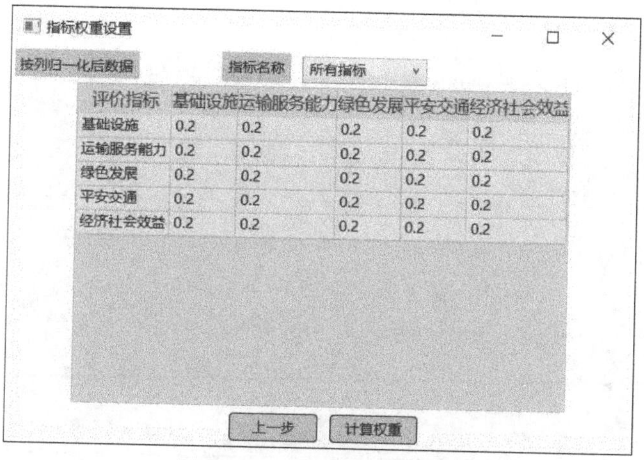
指标权重设置
按列归一化后数据
指标名称
所有指标
评价指标 基础设施 运输服务能力 绿色发展 平安交通 经济社会效益
基础设施 0.2 0.2 0.2 0.2 0.2
运输服务能力 0.2 0.2 0.2 0.2 0.2
绿色发展 0.2 0.2 0.2 0.2 0.2
平安交通 0.2 0.2 0.2 0.2 0.2
经济社会效益 0.2 0.2 0.2 0.2 0.2
上一步
计算权重

图 8-17　按列归一化后数据

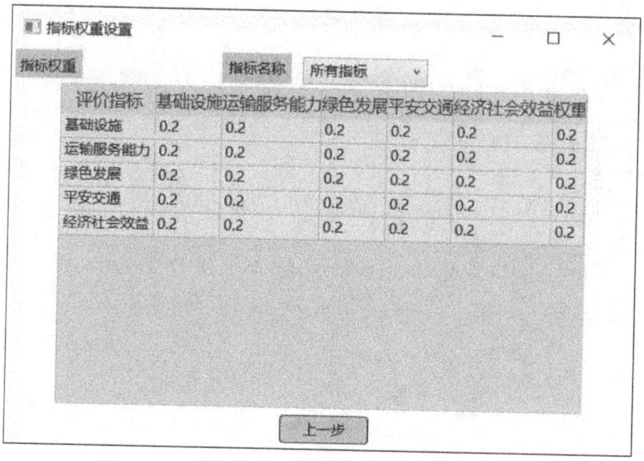
指标权重设置
指标权重
指标名称
所有指标
评价指标 基础设施 运输服务能力 绿色发展 平安交通 经济社会效益 权重
基础设施 0.2 0.2 0.2 0.2 0.2 0.2
运输服务能力 0.2 0.2 0.2 0.2 0.2 0.2
绿色发展 0.2 0.2 0.2 0.2 0.2 0.2
平安交通 0.2 0.2 0.2 0.2 0.2 0.2
经济社会效益 0.2 0.2 0.2 0.2 0.2 0.2
上一步

图 8-18　指标权重计算

（6）指数计算。指数计算的方法为，首先选择减法一致化或倒数一致化方法将指标类型一致化，然后分别通过 z-score 法、极差化法，极大化法，极小化法、均值化法、秩次化法将指标无量纲化，最后基于线性加权模型计算综合评价值，最后设置基年，将其他年份的综合评价值除以基年综合评价值得到综合交通发展指数。

①基年设置。点击“基年设置”，弹出基年设置窗口，如图 8-19 所示，进行基年设置。

②交通运输发展指数分布计算。点击“综合交通发展指数分步计算”，得到各年份指标数据矩阵，如图 8-20 所示。

图 8-19　基年设置

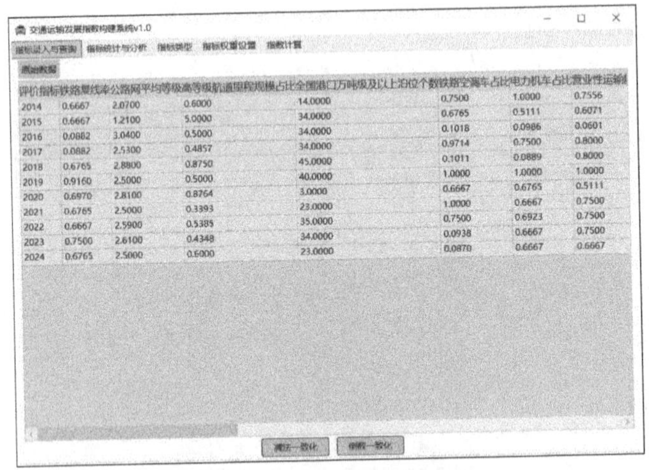

评价指标	铁路复线率	公路网平均等级	高等级航道里程规模占比	全国港口万吨级及以上泊位个数	铁路空调车占比	电力机车占比	营业性运输
2014	0.6667	2.0700	0.6000	14.0000	0.7500	1.0000	0.7556
2015	0.6667	1.2100	5.0000	34.0000	0.6765	0.5111	0.6071
2016	0.0882	3.0400	0.5000	34.0000	0.1018	0.0986	0.0601
2017	0.0882	2.5300	0.4857	34.0000	0.9714	0.7500	0.8000
2018	0.6765	2.8800	0.8750	45.0000	0.1011	0.0889	0.8000
2019	0.9160	2.5000	0.5000	40.0000	1.0000	1.0000	1.0000
2020	0.6970	2.8100	0.8764	3.0000	0.6667	0.6765	0.5111
2021	0.6765	2.5000	0.3393	23.0000	1.0000	0.6667	0.7500
2022	0.6667	2.5900	0.5385	35.0000	0.7500	0.6923	0.7500
2023	0.7500	2.6100	0.4348	34.0000	0.0938	0.6667	0.7500
2024	0.6765	2.5000	0.6000	23.0000	0.0870	0.6667	0.6667

图 8-20　各年份指标数据矩阵

选择指标一致化方法，点击“减法一致化”或“倒数一致化”，得到一致化后数据矩阵，如图 8-21 所示。

评价指标	铁路复线率	公路网平均等级	高等级航道里程规模占比	全国港口万吨级及以上泊位个数	铁路空调车占比	电力机车占比	营业性运输
2014	0.6667	2.0700	0.6000	14.0000	0.7500	1.0000	0.7556
2015	0.6667	1.2100	5.0000	34.0000	0.6765	0.5111	0.6071
2016	0.0882	3.0400	0.5000	34.0000	0.1018	0.0986	0.0601
2017	0.0882	2.5300	0.4857	34.0000	0.9714	0.7500	0.8000
2018	0.6765	2.8800	0.8750	45.0000	0.1011	0.0889	0.8000
2019	0.9160	2.5000	0.5000	40.0000	1.0000	1.0000	1.0000
2020	0.6970	2.8100	0.8764	3.0000	0.6667	0.6765	0.5111
2021	0.6765	2.5000	0.3393	23.0000	1.0000	0.6667	0.7500
2022	0.6667	2.5900	0.5385	35.0000	0.7500	0.6923	0.7500
2023	0.7500	2.6100	0.4348	34.0000	0.0938	0.6667	0.7500
2024	0.6765	2.5000	0.6000	23.0000	0.0870	0.6667	0.6667

图 8-21　一致化后数据矩阵

点击“指标无量纲化”，得到指标无量纲化后数据矩阵，如图 8-22 所示，可以切换显示不同指标无量纲化方法的数据矩阵。

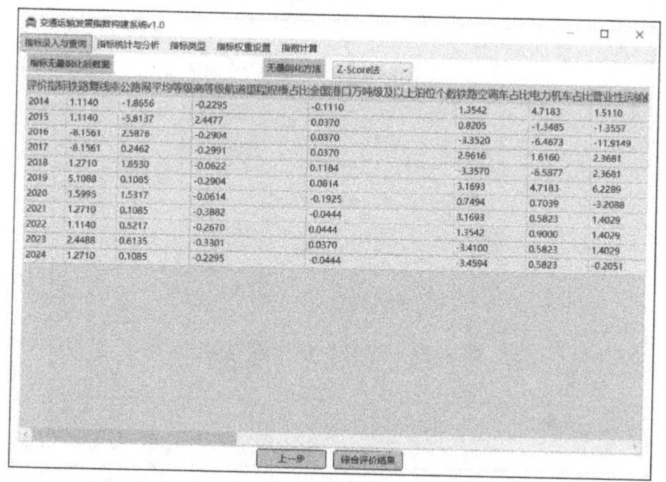

图 8-22　指标无量纲化后数据矩阵

点击“综合评价结果”，得到基于线性加权模型的综合评价值，如图 8-23 所示。

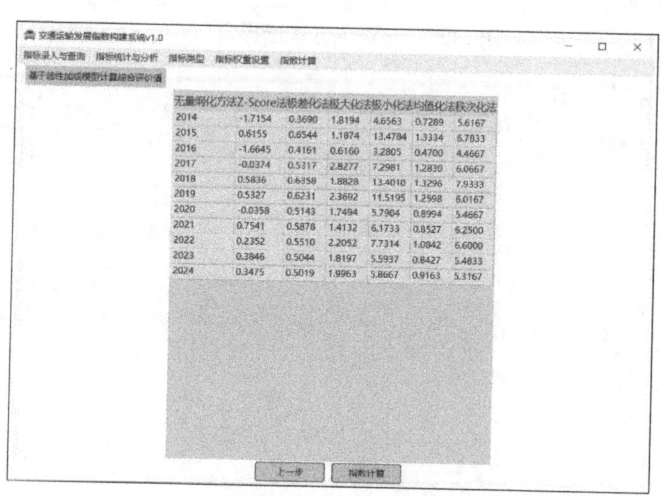

图 8-23　基于线性加成模型的综合评价值

点击“指数计算”，得到交通运输发展指数，如图 8-24 所示。

③交通运输发展指数一键计算。点击“综合交通发展指数一键计算”，弹出一致化方法选择窗口，如图 8-25 所示。如果选择减法一致化方法，则点击“是”，如果选择倒数一致化方法，则点击“否”，否则点击“取消”，得到的交通运输发展指数如图 8-26 所示。

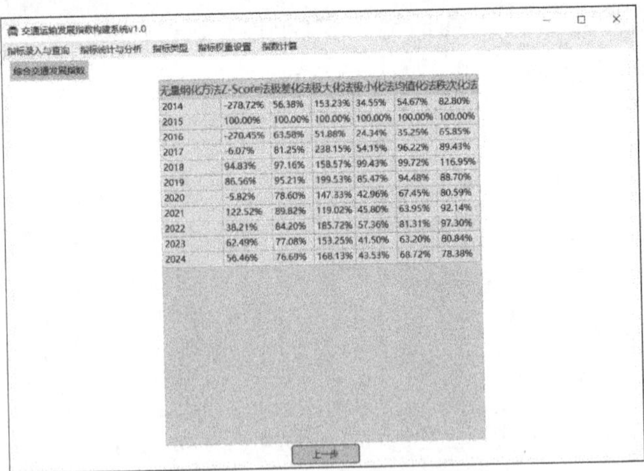

无量纲化方法	Z-Score法	极差化法	极大化法	极小化法	均值化法	秩次化法
2014	-278.72%	56.38%	153.23%	34.55%	54.67%	82.80%
2015	100.00%	100.00%	100.00%	100.00%	100.00%	100.00%
2016	-270.45%	63.58%	51.88%	24.34%	35.25%	65.85%
2017	-6.07%	81.25%	238.15%	54.15%	96.22%	89.43%
2018	94.83%	97.16%	158.57%	99.43%	99.72%	116.95%
2019	86.56%	95.21%	199.53%	85.47%	94.48%	88.70%
2020	-5.82%	78.60%	147.33%	42.96%	67.45%	80.59%
2021	122.52%	89.82%	119.02%	45.80%	63.95%	92.14%
2022	38.21%	84.20%	185.72%	57.36%	81.31%	97.30%
2023	62.49%	77.08%	153.25%	41.50%	63.20%	80.84%
2024	56.46%	76.69%	168.13%	43.53%	68.72%	78.38%

图 8-24　综合交通发展指数

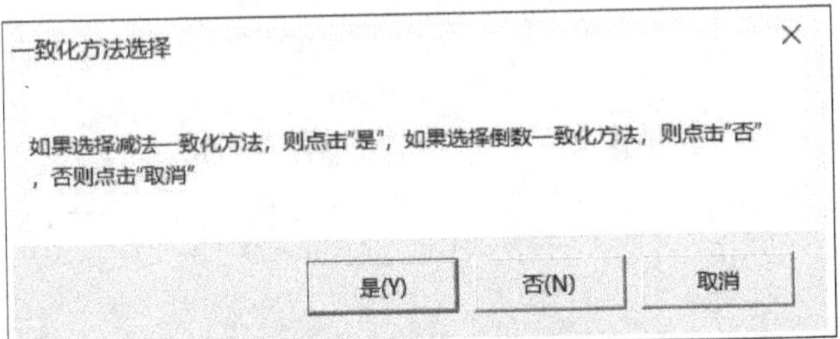

图 8-25　一致化方法选择窗口

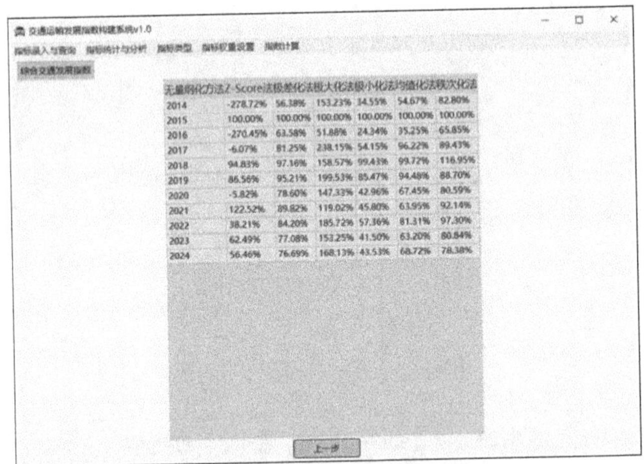

无量纲化方法	Z-Score法	极差化法	极大化法	极小化法	均值化法	秩次化法
2014	-278.72%	56.38%	153.23%	34.55%	54.67%	82.80%
2015	100.00%	100.00%	100.00%	100.00%	100.00%	100.00%
2016	-270.45%	63.58%	51.88%	24.34%	35.25%	65.85%
2017	-6.07%	81.25%	238.15%	54.15%	96.22%	89.43%
2018	94.83%	97.16%	158.57%	99.43%	99.72%	116.95%
2019	86.56%	95.21%	199.53%	85.47%	94.48%	88.70%
2020	-5.82%	78.60%	147.33%	42.96%	67.45%	80.59%
2021	122.52%	89.82%	119.02%	45.80%	63.95%	92.14%
2022	38.21%	84.20%	185.72%	57.36%	81.31%	97.30%
2023	62.49%	77.08%	153.25%	41.50%	63.20%	80.84%
2024	56.46%	76.69%	168.13%	43.53%	68.72%	78.38%

图 8-26　交通运输发展指数